知行之际

对若干现实问题的理论思考

张西立／著

南方日報出版社
NANFANG DAILY PRESS
中国·广州

图书在版编目（CIP）数据

知行之际 ：对若干现实问题的理论思考 / 张西立著. -- 广州 ：南方日报出版社，2017.10
ISBN 978-7-5491-1753-6

Ⅰ. ①知… Ⅱ. ①张… Ⅲ. ①政治理论—中国—文集Ⅳ. ①D60-53

中国版本图书馆CIP数据核字(2017)第228124号

ZHIXINGZHIJI
知行之际

著　　者：张西立
出版发行：南方日报出版社
地　　址：广州市广州大道中289号
出 版 人：周洪威
出版统筹：周山丹
责任编辑：史成雷
装帧设计：劳华义
责任技编：王　兰
责任校对：阮昌汉
经　　销：全国新华书店
印　　刷：广东信源彩色印务有限公司
开　　本：787mm×1092mm　1/16
印　　张：16
字　　数：160千字
版　　次：2017年10月第1版
印　　次：2017年10月第1次印刷
定　　价：48.00元

投稿热线：（020）87373998-8503　读者热线：（020）87373998-8502
网址：http://www.nanfangdaily.com.cn/press　http://www.southcn.com/ebook

序

陈先达

西立大作出版，嘱我作序。适逢身体有恙，以诗代序。

赠西立

不慕纸贵满京城，最重实践出新论。
文章应为时代作，知行合一上上乘。
慧眼寻珠常吐哺，偷闲为文夜深沉。
我已老矣难荷戟，君是阵地领军人！

丁酉年夏至于人民大学寓所

（陈先达，1930年生，马克思主义哲学家，中国人民大学一级教授）

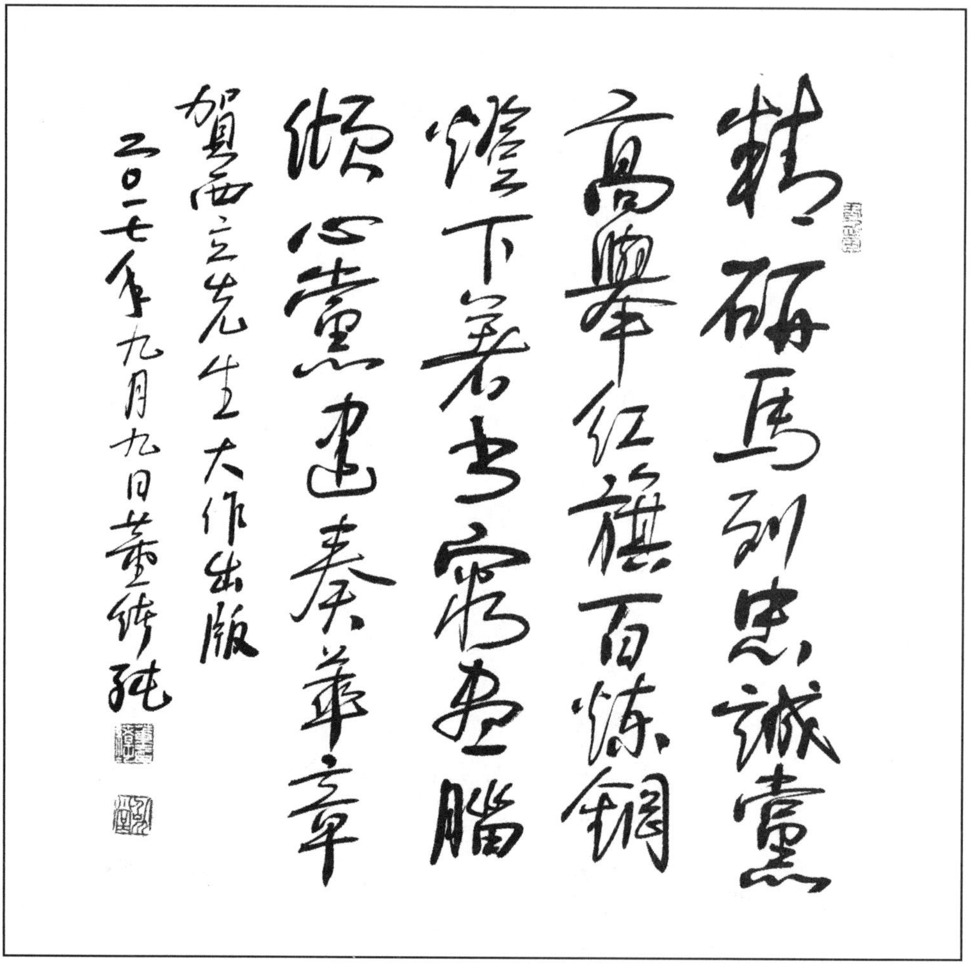

董绪纯（1959— ）

江苏丰县人，中国书法家协会会员

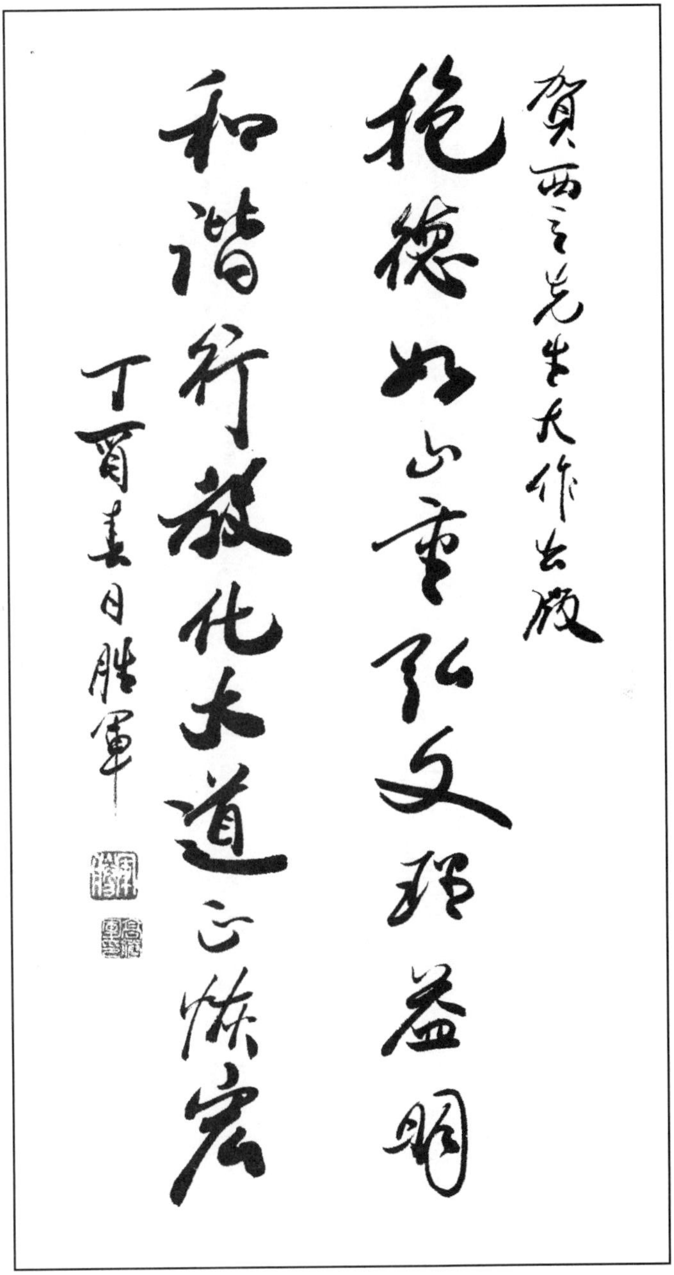

高胜军（1970— ）

山东平度人，青年书法家，多次荣获国家级荣誉

目录

CONTENTS

序／陈先达／001

第一章　实践与价值／001

解放思想本质上是实践问题··············002
实践观点对解放思想的内在要求··············006
继续解放思想的几个着力点··············009
改革动力源自何处··············012

第二章　道路与模式／017

自觉把握“中国特色社会主义”这个主题··············018
中国特色社会主义为什么能够屹立并发展··············021
世纪之谜的科学解答··············033
中国走上社会主义道路是“历史的误会”吗··············048
中国话语与中国实践··············056
清醒认识当前意识形态工作的时代背景··············064
以人为本：中国城镇化的大道··············070
成长中的中国模式··············074

中国模式的传统文化动因 ·············· 078
国外有关中国发展道路的若干看法评析 ·············· 084
国际上有关中国发展现状的舆论动向 ·············· 091
有关“中国模式”研究观点综述 ·············· 098
希腊、土耳其观感 ·············· 105

第三章 党建与时代／115

中国共产党自我革命的哲学依据 ·············· 116
文化强党与伟大工程 ·············· 119
着力推进共产主义信仰中国化 ·············· 129
不忘初心　方能善始善终 ·············· 134
也谈敬畏意识 ·············· 138
如何理解“全面”从严治党 ·············· 142
思想建党：永远在路上 ·············· 145
规律•党性•导向 ·············· 150
“基础在学　关键在做”体现的党性修养方法 ·············· 156
工作作风要务实 ·············· 159
保持党同人民群众的血肉联系 ·············· 161
三严三实：党性教育的时代创新 ·············· 163
不断提高反腐倡廉制度执行力 ·············· 167

第四章 文化与中国／171

实践本位与文化选择 ·············· 172
探寻文化复兴的源头活水 ·············· 176
论和谐文化 ·············· 181
文化建设应予把握的几对矛盾关系 ·············· 190

人类命运共同体展现中国文化精神……………197
两岸关系的文化血脉“割不断　理还乱”……………200
提高国家文化软实力……………203

附　录／215

新发展理念的鲜明实践特征
——读《领航中国：五大发展理念案例选》……………216
文韬武略兴中华
——读《张文台文丛》……………219
继往圣绝学　开万世太平
——周善甫《大道之行》读后……………221
交流与融合是文化发展的必由之路
——孙炯《西藏旧事》读后……………226
道德建设应从常识出发
——读《中华传统美德警句名言》……………229
在矛盾冲突中铸造改革精魂
——评电视连续剧《春暖南粤》……………231
接续传统　光复旧物
——侯立远山水画观感……………233
从风险社会角度看舆情管理
——《大数据时代的舆情管理》序……………235

跋／兰文飞／238

后记　知行之际有大道／240

第一章 实践与价值

马克思说，“哲学家们只是用不同的方式解释世界，问题在于改变世界”（《费尔巴哈论》）。变动不居是自然界、人类社会和思维发展的永远不变的法则。人作为“万物的尺度”（古希腊哲学家普罗泰戈拉语），仰观头顶的浩瀚星空，俯察内心的道德律令，只有遵循客观规律的要求，方能实现由“自在”向“自为”的跃升。

解放思想本质上是实践问题

解放思想作为一个重大的理论和实际问题，在今天被置于如此重要的历史地位，不取决于任何人的主观意愿，而是由当代中国改革开放和现代化建设的实践规定的；至于如何解放思想，更不是一个主观随意的事情，归根到底要由实践来说话。实践是解放思想的推动力，也是思想解放与否的裁判员。

解放思想源于实践。生动的社会实践是思想认识的源头活水。解放思想，就是根据实践的发展，在思想观念上破旧立新的过程，就是努力使主观认识更加合乎客观实际的过程。变动不居的社会实践，是以旧矛盾的解决和新矛盾的产生为主线的，人们对这些新旧矛盾运动规律的科学认识，实际上也就是新思想、新观念取代旧思想、旧观念的过程。回顾我国改革开放的伟大历程，从实践标准大讨论到社会主义初级阶段理论的确立，从探索建立社会主义市场经济模式到中国特色社会主义道路成为全党共识，每一次伟大的思想解放运动都是对当时社会实践正反两方面经验的深刻总结，反过来又对实践产生了巨大的推动作用。每个时代只提出它能够解决的问题。因此，在解放思想问题上，人们只有根据变化了的社会实践，自觉地立足于实践，研究新问题，总结新经验，确立新思路，探索新办法，才能使自己的思想认识永不落伍、永葆先进，才能在实践中不断开创新局面，取得新成效。当前风起云涌的解放思想热潮，不是空穴来风，也不是哪个人主观意愿的产物，它植根于当代中国波澜壮阔的改革开放和现代化建设实践，是不断推进的中国特色社会主义伟大实践催生和造就的。因此，要理解当前这场思想解放运动的来龙去脉、基本内涵以及现实意义，只有在当下的实践中去找寻答案。

解放思想以实践为动力。生产劳动、科学研究以及其他社会实践活动的过程伴随着思维方式、价值观念、道德规范、社会制度等社会意识形式的变迁。人类社会实践活动背后的真正动因在于生产方式的矛盾运动。在“科学技术是第一生产力”的时代，特别是随着生物技术、信息技术、航天技术、新材料技术等新技术革命的蓬勃发展，新型产业门类层出不穷，传统产业结构面临解体，世界经济活动特别是金融活动形式不断创新，这都要求现代国家制度、社会体制以及民众的思想观念、生活方式必须作出相应的变革，而这首先又取决于人们对他们身处其中的这个时代的诸多深刻变化的认识是否到位。面对社会生产力的进一步解放和发展提出的新要求、新问题、新挑战，思想认识的变革和创新势所必然。回顾改革开放以来的伟大历程，解放思想都是以当时社会实践发展特别是解放和发展社会生产力的需要为动力的。如果没有“文化大革命”结束后政治上拨乱反正、为中国社会主义建设开辟前进道路的强烈需要，就不会有改革开放之初实践标准大讨论这样一场影响全局的思想解放运动；如果没有继续推进中国改革开放和现代化事业，进一步解放和发展社会生产力，实现“三步走”战略目标的客观需要，就不会有以邓小平南方谈话为标志，解决姓“社”姓“资”的意识形态困扰，从而为确立社会主义市场经济体制的改革目标奠定思想基础的思想大解放运动；如果没有新世纪新阶段经济社会深刻转型，促进社会和谐和推动科学发展的迫切需要，就不会有科学发展观这一中国特色社会主义理论体系最新成果的提出，就不会有以科学发展观的贯彻落实为宗旨的新一轮思想解放运动。

解放思想以实践为目的。以问题为中心、以实践为指向、以实效为目标，是马克思主义者认识世界的根本要求。解放思想作为党的思想路线的核心内容以及共产党人的行动要求，不是一句停留在嘴上的时髦口号，而是深刻反映和代表其哲学立场与政治品格的党性原则。这就要求人们，其一，解放思想切忌泛泛而谈。毫无疑问，解放思想是一个主观认识领域的问题，但主观认识问题既然植根于实践，出路当然也在于实践。因此，解放思想只有自觉地面向实践，服务于现实，才能产生最大的效果。1978年和1992年两次思想大解放，之所以能推动中国改革开放实现两次大跨越，是因为解放思想不仅仅是口号，也没有停留在概念层面，而是始终面向现实，关注现实，以实际问题为中心。其二，解放思想重在行动。实践是主观见之于客观的活动。主观认识的调整、变革和修正，目的还是更好地推动实践的发展。现在各地站在新的历史起点上掀起了新一轮思想解放运动，期望从思想到体制实现新的突破。广东把提高自主创新能力、统筹区域发展、加强生态环境建设和促进社会事业发展作为解放思想的重点；而重庆则要求围绕扩大开放、统筹城乡发展、转变政府职能等方面破除思想障碍；上海提出要优化产业结构，突破制约先进制造业、高新技术产业和现代服务业发展的瓶颈。各地改革发展的具体情况不一，迫切需要解决的问题有所不同，解放思想的具体所指各不相同，但从根本上看，普遍面临的主要是发展方式不科学、经济增长方式亟待转变、社会和谐程度有待增进等突出问题，因此，进一步树立新的发展观念、转变经济增长方式、实现经济社会的协调发展，就成为这次解放思想的普遍要求。

解放思想以实践为检验标准。建设中国特色社会主义是前无古人的崭新事业，没有现成的答案，只能靠不断总结实践经验，“摸着石头过河”，实践证明为对的就坚持下去，错的就及时改正过来。纵观改革开放三十年，在“什么是社会主义、怎样建设社会主义”“什么是马克思主义、怎样发展马克思主义”以及“什么是共产党、怎样建设共产党”等重大理论和实际问题上，观点分歧甚至思想交锋始终存在，但是要正确解答这些事关全局的根本问题，必须摆脱主观主义尤其是教条主义的束缚，坚持让实践说话。对于“包产到户”、开办经济特区、市场经济体制、公有制实现形式、加入WTO、私营企业家入党、现代企业制度等等新事物，实践证明，众多无谓的争论，不仅于事无补，反而有害。20世纪90年代，针对姓“社”还是姓“资”的争论，邓小平发表著名的南方谈话，郑重指出“改革开放迈不开步子，不敢闯，说来说去就是怕资本主义的东西多了，走了资本主义道路。要害是姓‘社’还是姓‘资’的问题。判断的标准，应该主要看是否有利于发展社会主义社会的生产力，是否有利于增强社会主义国家的综合国力，是否有利于提高人民的生活水平”。这实际上也为其后解放思想定下了基调，那就是坚持“三个有利于”标准。在这里，“三个有利于”标准是实践标准的具体运用和实际体现，两者是根本一致的。

三十年改革实践进程以及马克思主义基本原理告诉我们：思想是行动的先导，实践是理论的源泉，改革开放与解放思想是同一个历史过程的不同侧面——解放思想为改革开放扫除观念障碍、创造思想条件、提供精神动力，以改革开放为鲜明特征的中国特色社会主义实践为解放思想奠定坚实的物质基础、赋予强大的动力之源、开创广阔的发展空间。只有从哲学认识论上看待“解放思想”，在解放思想问题上自觉坚持实践观点，才能真正做到以思想大解放推动实践大发展。

（原载《学习时报》2008年8月26日）

实践观点对解放思想的内在要求

实践观点作为马克思主义哲学认识论首要和基本的观点，集中体现了马克思主义的世界观和方法论，深刻反映了共产党人的政治品格和党性原则。深入认识和科学把握解放思想的本质和内涵，积极推进新一轮思想解放，重要的一点在于，必须自觉坚持马克思主义实践观点。

实践的客观性要求解放思想必须实事求是。实践固然离不开认识，但认识只有深刻反映既有的社会实践，把握事物运动的客观规律，才能更好地发挥指导和推动作用。形成正确的认识，不外乎吸收前人经验、借鉴别人做法以及总结自己实践经验等几条路径，不管哪一种路径，都要从自己的实际出发，深刻把握身处其中的社会实践的历史进程及其蕴含的各种矛盾与问题的症结所在。在我们党的历史上，食古不化、食洋不化的教条主义尤为盛行，为害最重。新世纪以来，围绕实践中出现的一些诸如收入差距拉大、城乡二元对立、环境污染加剧等社会问题，一种声音认为这是由于我们过去走了一条错误的改革开放道路所导致的，必须以“新改革开放观”取代旧的改革开放观，从而形成一股怀疑改革、批判改革的思潮。是继续深化改革，还是改变方向，走回头路？正确回答这个问题，必须科学认识和把握现阶段我国的基本国情特别是社会矛盾状况，即认识到我们仍然处于并将长期处于社会主义初级阶段，人民日益增长的物质文化生活需要与落后的社会生产力的矛盾仍然是主要矛盾。正是基于这一认识，我们说，要在新的历史起点上继续推进社会主义现代化建设，说到底要靠深化改革，扩大开放，要毫不动摇地坚持改革方向，进一步坚定改革的决心和信心。得出这一历史结论，得益于解放思想；进一步解放思想，必须紧紧自觉坚持这一历史性结论，在深入总结改革实践经验，探求中国特色社会主义建设规律上下功夫。

实践的能动性要求解放思想必须与时俱进。实践是主观见之于客观的活动，能动性是它的本质属性之一。以科学实践观为理论指导的共产党人，主张在改造客观世界的同时改造主观世界，以不断的思想解放和观念创新推进实践创新。改革作为社会主义制度的自我完善和自我发展，其动力来自于社会实践的需要，它要求实践主体必须始终把解放思想、与时俱进作为一种常态来保持。思想解放是推进社会实践的强大动力，思想僵化抑或思想随意化，就容易犯错误、摔跟头。思想观念必须跟得上实践前进的脚步，过去改革开放中形成的观念和经验也要随着形势的发展而有所发展、变化。解放思想运动将永不停止，一直到中国现代化成功，到那时也还需要解放思想。特别是在经济全球化深入发展的时代，随着社会生产方式的急剧变革，社会利益格局、社会阶层结构、经济体制等都发生深刻变化，人们的思想观念必须与时俱进，才能深刻反映社会物质生活领域的变迁。

实践的群众性要求解放思想必须坚持群众路线，充分尊重和发挥人民群众的主体作用。人民是实践创新的主体，也是理论创新、观念创新的主体。人民群众在改革实践中创造和积累了大量生动鲜活的经验，亟待我们去研究、总结和提炼。家庭联产承包责任制就是在吸取总结安徽省凤阳县农民的实践探索基础上逐步在全国推广开来的。以乡镇企业为主体的“苏南模式”、着力发展私营经济的“温州模式”、以“三来一补”为特点的珠三角外向型经济发展模式等，无不是在总结群众实践经验的基础上一步步走出来的成功范例。当前，围绕村民自治、转变政府职能、深化国有企业产权改革、加强和改进党的基层组织建设、推进城乡统筹、创新宣传思想工作思路、文化体制改革等重大理论和实际问题，实践中涌现出一些新做法、新经验、新模式，这就为解放思想提供了新鲜素材，我们应从推进中国特色社会主义事业的高度，本着对党、对人民高度负责的态度，摒弃成见、偏见和谬见，解放思想、转变观念、提高认识，从理论高度予以深入研究和系统总结，以实现实践创新基础上的理论创新。

（原载《学习时报》2008 年 9 月 22 日）

继续解放思想的几个着力点

当前，按照党中央部署，继续解放思想，取得实践创新与理论创新良性互动的客观效果，需要从理论与实践相结合的层面，着力把握其理论要求和现实指向。

着力把握人的自由全面发展这个主题

从改革实践进程看，实践标准也好，生产力标准也好，“三个有利于”标准也好，实质都是物的标准与人的标准的有机统一。党的十六届三中全会提出以人为本的执政理念，是对以往实践标准、生产力标准和“三个有利于”标准的继承和发展，在唯物史观上是一脉相承而又与时俱进的。社会历史的发展是合规律和合目的的统一，最终都要体现在人的解放和发展上。在被问到关于未来社会的构想时，恩格斯的回答是每个人的自由全面发展是其他一切人自由全面发展的前提。生产力的发展不仅表现为生产工具的创新、科学技术的改进、劳动对象的扩展，还表现为劳动者实际需要的满足和文明素质的提高，而且与生产力中物的因素比较，人的因素是能动的、活跃的，是推动生产力创新发展的根本动力和主体力量。前些年，我们强调发展是硬道理，发展是我们党执政兴国的第一要务，有些地方片面理解，客观导致重当前轻长远、重局部轻整体、重物质轻精神、重利润轻环保、重数字轻效果等各种短期和自私自利行为的泛滥。如今，党中央把以人为本作为科学发展观的核心和本质提出来，是深刻把握世界发展潮流以及深刻总结新中国成立以来特别是改革开放以来的实践经验的结果，是当前把握发展规律、创新发展理念、转变发展方式、破解发展难题的根本价值遵循，也是推进新一轮思想解放必须牢牢把握的主题，即从制约人的全面发展的体制、观念和做法的束缚中解放出来，从对发展观、政绩观、价值观的错误理解中解放出来，从对以人为本的主观主义和形而上学的桎梏中解放出来。

着力把握中国特色社会主义发展规律这个根本

马克思说：理论只有彻底才能说服人，而所谓彻底，就是抓住事物的根本。“事物的根本”也就是事物的内在矛盾及其运动规律。中国特色社会主义作为前无古人的崭新事业，也有其自身运动变化发展的客观规律。不断地认识和把握这个客观规律，就成为历次思想解放运动的根本任务。改革开放以来，历次思想解放运动之所以能取得预期的效果，重要的一条原因在于通过观念的转变、思想的洗礼，人们的认识更加深刻地反映时代潮流、更加符合社会实践的要求、更加合乎人民群众的利益期盼。三十年来，随着中国特色社会主义实践的不断深化和拓展，人们的思想认识也经历了一个由知之不多到知之较多、由浅到深的发展过程，如今，我们在对“什么是社会主义、怎样建设社会主义”“什么是共产党、怎样建设共产党”等重大问题上获得了新的规律性认识的同时，在对“怎样发展，实现什么样的发展”这个问题的规律性认识上也开始了新的探索；在对经济建设、政治建设、文化建设规律的认识有了新的提高的同时，在对社会建设的规律性认识上也有了重大突破；特别是党的十七大站在新的历史起点上对“举什么旗、走什么路”的根本问题作了旗帜鲜明的回答，深刻揭示和科学阐发了中国特色社会主义、中国特色社会主义道路以及中国特色社会主义理论体系的历史和逻辑的必然，标志着我们党对中国特色社会主义的认识和把握达到了新的时代高度，同时也为当前思想解放运动奠定了坚实的理论基础。

着力把握制度、体制、机制创新这个关键

解放思想，转变观念，关键在于根据实践的要求推进制度创新、体制创新和机制创新。再好的思想观念如果不以制度、体制和机制的形式体现出来，就难以充分地转化为指导实践、推进工作的强大动力。三十年的改革开放，给我国社会生产力、经济基础和上层建筑等领域带来一系列深刻变化和发展，但在发展中还存在不平衡、不协调的问题，从实际情况看，为适应生产力的进一步解放和发展的内在要求，在思想解放、理论创新的引领下，生产关系、群众工作、政府职能、行政管理、绩效考评、选人用人、舆论宣传等方面的体制机制亟待创新。

近年来，各地通过解放思想，锐意创新，在转变政府职能、理顺政企关系、打造服务性政府，在转变发展方式、创新发展理念、提升产业结构，在改进民生举措、密切党群关系、巩固基层政权和提高党的执政能力以及在以工促农、以城带乡、实现城乡统筹等诸多方面，摸索建立了一套行之有效的工作模式，这些都有待于进一步总结、提炼和升华。

（原载《求知》2009 年第 1 期）

改革动力源自何处

“改革开放”作为对我国以往三十年“最鲜明特征”的概括，已经成为各界共识，然而近来面对所谓“后改革时代”的社会现实，怎样改革甚至还要不要改革等突然成了首要问题，而诸多省思的背后其实隐含着一个不容回避的重要问题，即改革动力的相对匮乏。那么，站在改革开放新的历史起点上，应该如何看待这个问题呢？联系我国三十年改革实践进程，从改革动力系统构成的角度，我们可以作以下几点分析：

首先，社会基本矛盾运动是改革的最深刻动因，我国仍然并将长期处于社会主义初级阶段的事实决定了改革的性质、方向和任务没有也不会发生根本变化，但同时必须及时排除各种干扰，最大限度地凝聚改革共识。改革作为社会主义制度的自我完善和发展，本质上是生产力与生产关系、经济基础与上层建筑的基本矛盾运动的反映，这一矛盾以及由此制约的社会主要矛盾的非对抗性决定了改革的性质、方向和任务。1978年以来我们推行的一系列改革举措，目的都在于调整和变革生产关系和上层建筑领域的有关环节，为生产力的进一步解放和发展创造条件、开辟道路。新一届党的中央领导集体把党领导下的改革开放与一个世纪以来在中国发生的前两次革命相提并论，称之为“新的伟大革命”，这是继改革开放总设计师邓小平之后，党在新的历史条件下对于“改革也是一场革命”的进一步深刻阐述。实际情况表明，在改革这个重大原则问题上，伴随改革实践进程，围绕改革的性质、方向、任务乃至要不要改革等基本问题，历来存在不同声音或者说来自不同方面的干扰，归结起来主要有三类：一种是否定改革的社会主义性质，主张走过去的老路；一种是认为改革已经走进死胡同，只有改弦易辙，才是唯一出路；再一种是认为凡是现实的都是合理的，改革的历史使命基本已大功告成，故而对深化改革的紧迫感、动力感不足。眼下，正值国际金融危机蔓延、经济全球化趋势走弱的历史关头，我们应该始终保持清醒头脑和坚定立场，即不管国际风云如何变幻，只要决定我国社会主义初级阶段性质的基本矛盾以及由此制约的社会主要矛盾状况没有发生根本改变，改革的历史使命也就没有完结，我们应该持有的改革立场就不能有丝毫动摇。这是确保改革不断深化的重要思想认识前提。

其次，人民群众是改革的主体力量，群众的参与、理解、认可、支持和拥护，是一切正确的改革举措得以推出和最终实现的强大动力，改革的深化有赖于把尊重人民首创精神与加强和完善党的领导有机结合起来。人民群众是历史的真正创造者，也是党的各项事业的力量源泉和胜利之本。改革作为党领导下的亿万人民自己的事业，决定了改革只有自觉反映和体现广大群众的意愿和利益，才能确保改革始终沿着正确的轨道前进，取得预期效果。我国改革开放的伟大历程深刻表明，群众中蕴含着无穷的智慧和巨大的力量，只要认真倾听、积极顺应广大群众的心声，把实现、维护和发展群众利益始终放在各项工作的首位，改革就必然充满无穷动力，改革道路上就没有克服不了的困难。改革之初，在党和国家面临向何处去的重大历史关头，正是邓小平等老一辈革命家顺应广大干部群众的愿望，果敢地作出了把党和国家工作中心转移到经济建设上来、实行改革开放的历史决策，从而开创了中国特色社会主义道路。当上个世纪八九十年代苏联解体、东欧剧变，世界社会主义运动骤然跌入低谷的危难时刻，著名的“南方谈话”再次启动了我国改革的历史航程，掀起了全民创业的大潮，一举奠定了社会主义市场经济体制的基本框架。我国改革实践进程还说明，群众的呼声、意愿、期盼和诉求，往往生动而集中地反映了经济社会发展中的问题和矛盾，真正有效地化解这些矛盾和问题，仅凭党员干部的力量是远远不够的，根本还是要尊重和发挥人民群众的主体作用。邓小平提出的把人民拥护不拥护、赞成不赞成、高兴不高兴、答应不答应作为制定各项方针政策的出发点和落脚点，就鲜明而集中地体现了改革的群众要求。近来，在国际经济形势下行趋势明显的当口，胡锦涛提出坚持“问政于民、问需于民、问计于民”的号召，无疑具有鲜明的时代特色和强烈的现实针对性。事实上，经过三十年快速发展，我国经济社会领域诸多深层次的矛盾和问题凸显，个中原因固然是多方面的，但从近年来较为强烈的社会反响上看，一个不容忽视的问题在于，我们的一些改革发展举措在出台前后和实施过程中，群众的主体地位没有得到应有尊重，群众的权益没能给予切实保障，甚至一定程度上存在与民争利的情形。对这种改革发展过程中一些领导干部越位、失位，广大群众相对缺位、失语的尴尬状况，如果不给以有效解决，深化改革所需要的充足动力就很难得到保障。而要彻底扭转这种不良局面，当务之急和治本之策在于从执政理念高度全面贯彻“以人为本”的科学发展观，根本转变经济发展方式。

中国特色社会主义实践既是改革的直接体现，同时又为进一步改革奠定了现实基础、创造了物质条件、提供了新的动因。社会历史在一定意义上是人的活动的总和，而人们又总是在既定的物质条件下从事实践活动。每一阶段的改革行为只有牢牢立足于现有实践条件，着眼于正确认识和科学解答实践中提出的各种新情况、新问题、新矛盾，特别是围绕研究和解决现实中人民群众最关心、最直接、最突出的利益问题，不断增强改革决策的科学性和改革措施的协调性，才能确保改革行为的合法性、持续性和实效性。纵观我国改革实践历程，从家庭联产承包责任制到兴办经济特区，从转换国有大中型企业经营机制到建立社会主义市场经济体制，举凡那些从国情出发，充分听取利益攸关方意见，经过充分调查研究推出的改革举措，一般都取得了较好的社会效果。近年来为社会热议的医改方案，经过广泛征求社会各界意见，几经修改完善，最终基调定位在以公益性为主上，因此受到民众的热切期盼。这一过程生动说明，在我们这样一个主要由低收入人群构成的十三亿人口的国家，但凡诸如教育、住房、就业、收入分配、国企转制和土地征用等关乎多数民众利益、涉及国计民生的改革举措，从破题、论证到最后实施，务必慎之又慎，务必实事求是，切忌主观随意，否则，任何初衷良好的改革举措也难免举步维艰。另外，当前我国正处于急剧的社会转型期，经济体制的大变革引发社会结构和利益关系的大调整，社会利益主体多元化趋势深入发展的客观形势，决定了任何一项富有建设性的改革举措都必须兼顾各方利益，尤其要尽可能地争取社会公众的理解、认可和支持，竭力避免强者通吃、一股独大局面的出现。

要言之，新时期党领导人民进行的改革实践，是以社会主义初级阶段为基本制度保证、以亿万人民群众为强大主体力量、以中国特色社会主义实践为坚实物质基础的“新的伟大革命”。全面推进这场“新的伟大革命”，有赖于我们在前进道路上进一步坚定改革立场，更加自觉地贯彻群众路线，切实按照改革应该遵循的客观规律办事，使广大群众在得益于改革、受惠于改革的过程中成为坚定的改革拥护者和支持者。

（原载《学习时报》2009 年 3 月 17 日）

第二章 道路与模式

俗话讲，“鞋子合不合脚，只有自己穿了才知道”。宇宙万象，形态各异，一以贯之，是谓“百虑而一致，殊途而同归”。全球化时代，人类联系和沟通空前广泛而深刻，各国各民族皆以各自独特的身份参与进来，选择走哪一种发展道路和模式，应由自己说了算，效果如何，也应交给历史和实践去评判。实践已经证明并将继续证明，以改革开放为鲜明特征的中国特色社会主义，是实现国富民强、通向人类大同世界的必由之路。

自觉把握
“中国特色社会主义”这个主题

新世纪新阶段，面对具有许多新的特点的伟大斗争的客观形势，习近平总书记在2016年七一重要讲话中面向全党郑重提出“不忘初心，继续前进”的铮铮誓言。2016年9月29日，习近平总书记在学习《胡锦涛文选》报告会上的讲话，把不断夺取中国特色社会主义新胜利确立为当代中国共产党人最核心的使命。深入学习贯彻习近平总书记治国理政的新理念新思想新战略，就要牢牢把握这一贯穿其中的鲜明主题和红线——坚持和发展中国特色社会主义。

“共产主义”就是中国共产党人的“初心”。从1921年中国共产党成立那天起，“为实现共产主义而奋斗”就鲜明地写在党的旗帜上。尽管由于时代背景和实践条件的不同，党在革命、建设和改革的不同历史时期，面临着具体的历史任务和奋斗目标，但应该说根本宗旨和理想信念始终没有变，这也正是中国共产党人能够“星火燎原”的真正“密码”所在；尽管由于经验的缺乏党在带领人民夺取政权以及执政后出现了“左”或右的错误，但从历史发展的长周期看是新事物在成长过程中应有的螺旋式特征，基本轨迹和总的方向仍然是指向“共产主义”或“社会主义”的。执政以后，由于党所面临环境的错综复杂，尤其是改革开放以来市场经济大潮汹涌澎湃，国际上以美国为首的西方国家不愿意看到一个强大的社会主义中国的出现，极尽遏制、打压乃至妄图颠覆之能事，国内生产力水平的相对低下导致党员队伍思想政治觉悟呈现出多样多变的态势，党的纯洁性和先进性建设面临诸多严峻挑战和考验，总之管党治党以及治国理政需要准备进行具有许多新的历史特点的伟大斗争，在这种形势下，党要管党、从严治党，首要的根本的就要扭住党的建设的“牛鼻子”——以理想信念和宗旨意识为核心内容的思想理论建设。

习近平总书记治国理政新理念新思想新战略是当前乃至今后一个时期建设中国特色社会主义的行动指南。党的十八大以来，以习近平为总书记的党中央坚持以马克思主义宽广眼界观察世界、把握自身，以舍我其谁的马克思主义者的无私无畏态度，在深入总结新中国成立以来特别是改革开放以来中国特色社会主义伟大实践经验，汲取世界政党尤其是苏联共产党败亡的深刻教训，提出“中国梦”、“四个全面”的战略布局、“创新、协调、绿色、开放、共享”的新发展理念、以供给侧结构性改革为特征的中国经济新常态、以人民为中心的文艺创作观、打造中国特色哲学社会科学话语体系、以国际话语权为核心加强国际传播能力建设、精准扶贫的中国特色扶贫之路、总体国家安全观、人类命运共同体、以“一带一路”为战略内容的解决人类问题的“中国方案”、中国特色的强军之路等涵盖治党治国治军、内政外交国防、改革发展稳定等全方位的新理念新思想新战略，无不鲜明地贯穿着坚持和发展中国特色社会主义这一主题和红线，闪耀着马克思主义科学世界观和方法论的光辉，构成为科学社会主义基本原则与当代中国具体实际相结合的时代新篇章，是当前乃至今后一个较长时期内建设中国特色社会主义的行动指南。

古人云，“取法于上，仅得为中，取法于中，故为其下”。学习贯彻习近平总书记系列重要讲话精神，深入理解习近平总书记治国理政新理念新思想新战略的科学内涵和实践意义，离不开严肃认真的学习态度，也离不开科学管用的学习方法，但首要的和根本的在于明了贯穿其中的马克思主义立场观点和方法，牢牢把握“中国特色社会主义”这个大逻辑。如此，方能取得事半功倍之成效。

（原载《中国高等教育》2016 年第 20 期）

中国特色社会主义为什么能够屹立并发展

回眸20世纪，在中国与世界、社会主义与资本主义、民族与时代、传统与现代、进步与落后的坐标系上，以改革开放为标志，中国共产党人成功开辟中国特色社会主义道路，无疑是一件具有开创性意义的伟大事件。中国特色社会主义是科学社会主义基本原则与中国改革发展的具体实际相结合的产物，其根本价值取向是以人民为中心，其本质要求是解放和发展生产力，消灭剥削、消除两极分化，最终实现共同富裕。历史已经并将反复证明，中国特色社会主义是我们这个拥有十多亿人口、五千年历史传统的东方大国赢得独立、走向振兴，进而为人类作出贡献的不二之选。在这个问题上，不管现实困难多大、未来道路多么艰辛、他人如何评说，处于执政地位的中国共产党人必须时刻保持清醒，注意防范和回应来自“左”、右两个方面的干扰和冲击。

道路关乎党的命脉，关乎国家前途、民族命运、人民幸福，“道路决定命运”。习近平总书记强调，“道路问题是关系党的事业兴衰成败第一位的问题，道路就是党的生命”。现实中诸多现象表明，在当代中国，“中国特色社会主义为什么能够存在”——中国特色社会主义的历史必然性及其未来前景，应该说是一个较为普遍的思想认识问题。它貌似老生常谈，实则常讲常新；好像早已解决，其实暗流涌动。我国社会生活中多年来挥之不去的“信仰危机”之说，归根结底源自对“中国特色社会主义”的思想认同问题。因此，结合当前实践，对“中国特色社会主义”的历史和逻辑加以梳理，仍有相当的必要。

众所周知，20世纪20年代后期，大革命失败后，国民党反动派大肆屠杀共产党人，逼迫中国共产党人毅然作出“武装夺取政权”的历史抉择，从而掀开了轰轰烈烈的土地革命的宏伟篇章。1927年秋收起义爆发后，走上井冈山的革命队伍在毛泽东正确领导下——“坚定执着追理想、实事求是闯新路、艰苦奋斗攻难关、依靠群众求胜利”（习近平总书记2016年春节前夕赴江西调研考察并再上井冈山时提出的“跨越时空的井冈山精神”）——很快在白色恐怖笼罩下的中国大地上建立了“工农武装割据”的第一块红色根据地，点燃了“星火燎原”的革命灯塔。然而，敌强我弱的残酷现实以及艰苦曲折的斗争经历，在红军队伍中引发了对革命前途的悲观、迷茫情绪，代表性观点就是对“红旗到底还能打多久”的疑问。对此，毛泽东在认真开展调查研究基础上，深入分析和总结了井冈山斗争的经验教训，以“给林彪的信”（即《中国的红色政权为什么能够存在》）的形式，初步然而却是极其深刻地解答了“中国革命是什么、为什么、怎么办”的时代课题，确立了“农村包围城市，武装夺取政权”的土地革命道路，从而成为黑暗中摸索的中国革命的一面高高飘扬的旗帜，最终指引新民主主义革命走向全国胜利。

新民主主义革命的伟大胜利，是对毛泽东革命战争年代一系列光辉思想的最雄辩、最有力的证明。然而，正如毛泽东告诫全党的那样，取得全国政权，这只是万里长征的第一步，为着建设一个繁荣富强的新中国，以后的路还很长，任务将更为艰巨，他提醒全党务必保持艰苦奋斗和谦虚谨慎、戒骄戒躁的作风。新中国成立以后，以毛泽东为代表的第一代中国共产党人为巩固人民政权，推进党的建设“伟大工程”，带领各族人民建设社会主义现代化国家，在理论和实践上作了艰辛探索，积累了丰富的经验教训，奠定了改革开放后中国特色社会主义的坚实政治基础。“文化大革命”结束后，以邓小平为代表的第二代中国共产党人审时度势，重新认识和回答“什么是社会主义、怎样建设社会主义”这个基础性、根本性的问题，确立了“一个中心、两个基本点”的党的基本路线，从而拨正历史航船的前进方向，开创了中国特色社会主义的崭新局面。以江泽民、胡锦涛为代表的新一代中国共产党人面对复杂多变的国际国内形势，以马克思主义宽广眼界观察世界、审视自身，坚持“发展是硬道理”，紧紧扭住党的建设这个“牛鼻子”，创造了“中国奇迹”，形成了蜚声国际的“中国模式”，引领“中国道路”越走越宽广。党的十八大以来，以习近平为代表的当代中国共产党人，直面日趋复杂严峻的现实，以舍我其谁的马克思主义者的无畏勇气，冷静面对，敢于担当，创造性提出“四个全面”战略部署，正带领全党全国人民沿着中国特色社会主义道路，向着“两个一百年”的宏伟目标奋进。

事实胜于雄辩。一部中华人民共和国的历史，创造了诸多“神话”，打破了西方无数关于中国、中国人民尤其是中国共产党的所谓“定论”，也以生动具体的实践改变了一些国人的悲观失望、怀疑动摇的态度和立场，极大地鼓舞、提升和振奋了中华民族、中国人民以及全世界正义人士对于社会主义中国的认同和信心。与此同时，我们仍要清醒地看到，尽管中国取得了举世瞩目的辉煌成就，中国共产党保有8800多万党员之众，力量之强自不待言，执政基础之牢也是前所未有，但部分党员群众中依然存在对于马克思主义、社会主义、共产主义的怀疑、迷茫、动摇乃至否定情绪，集中体现在一点就是对我们现在走的“中国特色社会主义道路”的模糊和错误认识，亟待从理论上加以深入研究，以批驳谬论、回应关切。

“两个必然”：社会发展规律终究不可阻挡

科学社会主义是马克思主义重要组成部分，“两个必然”是科学社会主义理论大厦的重要支柱之一，《共产党宣言》问世以来，形形色色的反马克思主义思潮，矛头无不是最终指向这个伟大的科学论断，而共产党人内部这样那样的怀疑、动摇和悲观失望情绪，也无不是根源于对这一论断的模糊认识。社会主义相比较于资本主义，迄今为止仍然是新生事物，经历曲折和反复并不奇怪，奇怪的是总是有人寄望于一帆风顺、一蹴而就。须知，共产主义是人类历史上最壮丽的事业，它维系和反映的是社会化大生产条件下最广大人民群众的根本利益，是对资本主义社会制度的否定之否定，是更高形态的社会发展阶段。早从莫尔《乌托邦》肇始，先进人士就开始洞悉和批判资本主义的种种弊端，憧憬和向往高于资本主义的美好社会，马克思、恩格斯立足于当时资本主义的大发展，从批判分析社会化大生产与私人占有之间不可调和的矛盾入手，揭示出资本主义的矛盾运动必将走向自己的反面，即“剥夺剥夺者”，建立一个“自由人的联合体”。列宁领导的十月革命胜利，利用帝国主义战争的有利时机，率先突破资本主义链条最薄弱的环节，建立了世界上第一个苏维埃红色政权，开辟了人类历史新纪元，人类社会从此开启了社会主义取代资本主义的时代序幕。中国古人云，“天地之大德曰生”。中国马克思主义者坚信未来社会“必将是赤旗的天下”。“星星之火，可以燎原。”也许没有多少人能够想到，一个最初只有几十人的小党，历经九死一生，尝遍了人间苦难，“一唱雄鸡天下白”，终于带领亿万工农翻身做了主人。社会主义中国的横空出世，带给西方世界的震撼和冲击可想而知，东西两大阵营的长期对峙以及美苏冷战只是一个表象，更为致命的是，世界上人口最多的国家成功走上社会主义道路，给世界人民以极大鼓舞，无疑是对资本主义制度及其价值体系的彻底否定，垄断资本家们如丧家之犬，惶惶不可终日。正如历史上一切进步事业所必然要经历的那样，社会主义是初升的朝阳，由于力量尚弱，尤其是党和人民在政权建设和国家治理等方面经验不足，不得不“摸着石头过河”，因此免不了上当吃亏，甚至走些弯路，但这只是暂时的、局部的，绝不是世界末日、宇宙终极，因为理论和实践均已雄辩地证明社会主义是改变落后民族地位，彻底摆脱任人宰割境地的唯一出路。这个历史大趋势，背后起作用的是为马克思主义深刻揭示的社会基本矛盾运动规律，任谁都不可抗拒。

当今世界，国家利益之争日趋激烈，归根结底是制度之争、价值之争、道路之争；中国要谋求与西方国家的竞争优势，必须占据道义制高点。马克思主义从不讳谈“利益”，反而公开亮明“人们奋斗所争取的一切都同他们的利益有关”。现有国际政治规则主要是源自早年欧洲列强签署的《威斯特伐利亚条约》，确立了以后数百年来民族国家的国际格局，此后诸多国际关系准则，核心皆是围绕协调国家利益而展开的。透过层层包裹西方民族国家的纷繁复杂的规则体系，贯穿始终的不变主旨乃是文艺复兴思想家马基雅维利的功利主义原则，各国在这一不言自明的原则指挥下，皆以国家利益最大化为外交目标，这就不可避免地导致“修昔底德陷阱”：扩张主义和国强必霸。列宁的《帝国主义论——论帝国主义是资本主义的最高阶段》，以马克思主义的理论武器，入木三分地剖析和揭示了“帝国主义”自身不可克服的尖锐矛盾，为十月革命奠定了坚实理论基础。毛泽东的《湖南农民运动考察报告》《中国社会各阶级的分析》《中国革命与中国共产党》《论持久战》等光辉著作，也蕴含了对帝国主义行径及其必然归宿的精到分析，成为指引中国新民主主义革命胜利的理论灯塔。冷战结束后，美国“一超”独大，妄图独霸世界，霸权主义和强权政治之心没有任何收敛，近年来，随着“颜色革命”在亚非各地陆续走向破产，美国的“司马昭之心”已然“路人皆知”，“自由、民主、人权”等“普世话语”大有今不如昔之感。但瘦死的骆驼比马大，现在预言美国的衰落并非明智之举，我们在经济、文化、军事等诸多方面与其相比，依然处于下风，尤其是在文化软实力和国际话语权上，美国等西方国家的强势地位没有多少改变，一方面“中国声音”不能有效传出去，另一方面没有多少国内人士在国际上会讲“中国故事”，这就给国家进一步发展以及争取竞争优势带来被动。按理说，社会主义国家有制度优势，这么多年我国经济社会发展成就尽人皆知，可是为什么没有得到相应的文化认可和价值认同呢？这里面当然有意识形态的因素制约，西方国家口头上不把“意识形态”挂在嘴上，但“行胜于言”，他们的所作所为哪一个不是代表国内少数统治阶层利益的。反观现实，目前在国际话语上的被动和弱势，不仅不是“社会主义”“共产党”“马克思主义”带来的，恰恰相反，正是我们没能充分认识和自觉、灵活、巧妙地利用这些“核心价值”，有时甚至是欲言又止、心口不一、弃之如敝屣的态度，将原本是“看家宝”的东西整成了“四不像”，这又如何能使那些利益立场与我相悖的国际人士信服呢？！主张和平发展、以互利共赢为交往相处原则的中国，代表、维护和实现的是多数人的利益，走的是与昔日西方列强完全不同的道路，这其中蕴含和折射的价值因素和文化软实力，集中体现在“中国特色社会主义”的道路、制度、理论体系和文化中。对此，只要我们认识到位，工作得力，持之以恒，坚持不懈，相信国际道义制高点和话语权优势迟早会掌握在中国人手里。

近代以来中国全部历史发展的必然归宿

社会主义不是漂亮的名词，不是一些人所谓的“打左灯，向右拐”，而是中国近代以来全部历史发展的客观结果，因为在“长夜难明赤县天，百年魔怪舞翩跹”的旧中国，苦难深重的中国人民在经历种种选择的比较之后，“以俄为师”、走人民当家做主的社会主义道路，就成为不二之选。后来尽管在建设社会主义上我们走过了不少弯路，付出了沉重代价，但“中国人民从此站起来了”，我们顶住了来自超级大国的威压，有效维护了独立性和自主性，赢得了国际社会的普遍认可和充分尊重。十一届三中全会后，“走自己的路，建设有中国特色的社会主义”成为时代主题，打开国门，发展社会主义市场经济，极大地改善了人民生活、提升了综合国力；四项基本原则确保了开放条件下我国现代化建设的政治方向，尽管经过三十多年的高速发展，贫富差距有所拉大，社会道德状况令人担忧，党的建设在“四大考验”面前呈现出“四种危险”，利益关系、社会结构、党员成分以及人们思想状况等出现了多样化、复杂化的态势，但本质和主流不容否定，特别是党的领导地位不仅依然保持，而且探索、积累、开创了一系列适应、引领社会主义市场经济进程的党建新思路、新办法和新制度，有效确保了党的肌体始终充满生机与活力，能够更好地发挥先锋模范和战斗堡垒作用；新世纪以来，中国国际地位显著提高，中国作用不容忽视，中国人从来没有像今天这样扬眉吐气。这些成就的取得，皆应归功于当代中国共产党人对于中国特色社会主义的坚持和发展。历史不能假设，也不容假设。当下的中国，正处于中华民族历史上最好的时期，迎来了和平盛世，民众的生活水平前所未有地得到极大提高，现实中的问题尽管不少，但解决这些问题归根结底还得靠不断发展和深化改革，怨天尤人、自暴自弃没必要，不明真相、恶语相向也不可取，为人利用、反攻倒算更是不可饶恕。展望未来，征途漫漫，但可以确信的一点是，中国人民的前途命运维系在走好中国特色社会主义道路上，反之，如果出现颠覆性错误，歪曲、背离或放弃了这条救国救民的科学之路，必将是人民之灾、民族之祸、世界之殃。

世界社会主义运动处于低潮，应辩证看待“风景这边独好”。有西方学者认为对20世纪进程影响最大的历史事件有两个，一个是苏联的诞生，一个是新中国的成立，很明显，这两个深刻改变世界历史进程的伟大事件，都是世界社会主义发展史上的里程碑。遗憾的是，随着苏联解体、东欧剧变，世界社会主义运动跌入低谷。然而，中国有效防范苏东败亡的巨大冲击波，化解以美国为首的西方国家的联合制裁，内修政理，推进开放，成功应对亚洲金融危机以及新世纪之初的国际金融危机的负面影响，实现了历史上从未有过的连续三十年高速增长，一跃成为世界第二大经济体，在西方世界各主要国家深受国际金融危机之害，经济复苏依然低迷的背景下，中国“风景这边独好”。近来，国内有学者认为共产党由革命党转为执政党后，不宜再强调“国际共产主义运动”，而应探索社会主义或共产主义在与资本主义和平共处时期的一国实现方式，确立新的政治观。应该说，作为一种策略，这种说法不无道理，但是如果不加分析笼统而论，则容易偏离应有的社会主义立场和原则。这里需要指出的是，社会主义作为一种运动，从一开始来到人世间，就是一个世界性现象，但是各国社会主义道路因其具体国情的不同必然有所不同，在低潮期建设社会主义，就像低潮期的革命斗争，必须一方面坚持共产主义或社会主义基本原则不动摇，明晰革命的大方向、大目标，一方面还须十分讲究斗争或交往政策和策略，努力保存、壮大自身力量，做好长期艰巨斗争的各种准备。目前的中国似乎是“一枝独秀”，但身处资本主义的汪洋大海，依然遭受西方霸权主义打压和围堵的被动、弱势地位没有根本改变，西方学者散布“历史终结论”“中国崩溃论”等论调，与其经济金融手段互为掎角，共同指向中国发展的核心和灵魂——中国共产党的领导以及社会主义制度。我们现在面临西方渗透、控制和演变的危险不仅丝毫没有减少，实际上在“颜色革命”的旗帜下更加隐蔽、灵活和猛烈。在改革开放和市场经济背景下，国内也存在诸多问题，突出的就有“信仰危机”“价值错位”，一些党员干部不信马列信鬼神，拜金主义、享乐主义、精致利己主义严重。有效应对和解决这些问题，根本还得靠实践，也就是得靠中国特色社会主义的进一步发展，思想理论工作者不应幻想单靠理论的手段毕其功于一役，也不应熟视无睹或视而不见，放弃应有的理论责任，总之，在世界社会主义总体处于低潮期时，我们应放眼全局、放眼未来，保持必要的政治定力，有“咬定青山不放松”的坚韧和执着，更应牢牢立足当下中国社会主义建设的具体实际，多做建设性的工作，弘扬社会主旋律，释放理论正能量。

社会主义：执政党高度的文化自觉

中国人民选择社会主义，有其固有的社会文化土壤，主要体现在儒家学说里，诸如“大道之行也，天下为公”的公义观，“不患寡而患不均”的公正观，“民为邦本，本固邦宁”“民可载舟，亦可覆舟”的民本观，“先天下之忧而忧，后天下之乐而乐”的忧乐观，“天下兴亡，匹夫有责”的民主观，等等。毛泽东说，从孔夫子到孙中山，我们都要给予继承。“实事求是”原本就出自“修学好古，实事求是”的古代名言，后来经毛泽东的马克思主义阐发，成为党的思想路线的经典表述。“为人民服务”与“天下为公”，不仅形似，而且神似。《礼记》中关于“小康”社会的描绘，千百年来就是支撑和推动中国社会生生不息的源动力。如今，在现代化建设前两步的坚实基础上，党的十八大向全国人民乃至全世界提出“全面建成小康社会”的宏伟目标，并且很具体地把这个时间节点划定在建党一百年。习近平总书记系列重要讲话之所以深入人心，妇孺皆知，很重要的一个方面在于他对中国优秀传统文化的熟稔，信手拈来，朗朗上口，“接地气”“挂露珠”，深受广大干部群众喜爱。不久前，在全国哲学社会科学工作座谈会上，习近平讲“道路自信、制度自信、理论自信”的基础和根本是“文化自信”，更是一针见血、高屋建瓴地点明了中国特色社会主义内在具有的文化维度，为我们从文化特别是优秀传统文化角度深入研究和阐发“中国特色社会主义”的理论内涵、实践基础和发展趋势，厚植中国特色社会主义事业的社会文化土壤提供了重要指引。

以“中国梦”“四个全面”“新发展理念”“人类命运共同体”等为主要内容的习近平总书记系列重要讲话精神，是当前乃至今后我们开展“许多具有新的历史特点的伟大斗争”新阶段的理论纲领和行动指南，必将开创中国特色社会主义的时代新局面，同时也将带给世界极其重大而深远的影响。党的十八大以来，习近平同志着眼全面推进中国特色社会主义伟大事业，在治党治国治军、内政外交国防等诸多方面提出了“中国梦”“全面建成小康社会、全面深化改革、全面依法治国、全面从严治党”“创新、协调、开放、绿色、共享”等新理念新思想新战略，为正处于攻坚克难、爬坡过坎阶段的中国人民澄清了迷雾、指明了方向、坚定了信心。习近平总书记系列重要讲话精神，是当代中国鲜活的马克思主义，它鲜明地体现问题导向，坚持以人民为中心的发展理念，注重立足当前乃至今后一个时期“许多具有新的历史特点的伟大斗争”的实际，坚持“党要管党、从严治党”，极具创造性地着力打造一个思想上、政治上、组织上、作风上以及制度体系上完全成熟的马克思主义执政党，在奋力开拓中国特色社会主义事业时代新局面的同时，谱写了马克思主义普遍原理与当代中国改革发展具体实际相结合的历史新篇章。习近平总书记指出：“只有高举中国特色社会主义伟大旗帜，我们才能团结带领全党全国各族人民，在中国共产党成立100年时全面建成小康社会，在新中国成立100年时建成富强民主文明和谐的社会主义现代化国家，赢得中国人民和中华民族更加幸福美好的未来。”

在当代中国，坚持社会主义，就要坚持十八大以来以习近平为总书记的党中央带领全国人民坚持和发展的中国特色社会主义，同样，自觉用习近平总书记系列重要讲话精神武装头脑、指导工作，在思想上政治上自觉与以习近平为总书记的党中央保持一致，全面贯彻落实“四个全面”“五大发展理念”“人类命运共同体”等路线方针政策，就是对马克思主义、社会主义、共产主义最直接、最具体、最有力的认同和践行。总之，在今天的中国，离开了习近平总书记系列重要讲话精神谈论马克思主义、社会主义、共产主义，必将流于空谈；不顾党的十八大以来中国各个层面已经取得和即将到来的历史性成就，无视当代中国共产党人为发展生产力、改善人民生活以及维护世界和平和促进人类共同发展所做出的前所未有的历史担当、倍加艰辛却极具前景的战略抉择，妄言“马克思主义不行了”“社会主义失败了”“共产主义渺茫”等，不是客观务实的态度，绝不可取。

此外，习近平提出“人类命运共同体”，以此为理论前提，着力构建中美新型大国关系，倡导和推进“一带一路”建设，成立亚投行等，彰显了中国作为一个经济政治大国所应承担和履行的国际道义和责任，赢得了国际社会的普遍欢迎和认可，对于中国深入参与全球治理，积极引领国际格局变迁，有效规避冲突与战争，促进世界和平与人类共同发展，无疑具有开创性意义。“人类命运共同体”与马克思主义的基本原则——“两个必然”本质相连，内在贯通。“人类命运共同体”立足中国自身发展，始终强调和维护国家核心利益，不拿原则做交易。同时，主张人类命运休戚与共、息息相关，客观上存在共同利益追求，倡导世界各国不分大小、强弱一律平等，崇尚通过和平发展、合作共赢的方式，积极推进国际关系民主化，为维护世界和平和促进人类共同发展竭尽所能。这正是社会主义国家原本应该具有的国际主义原则。因此，“人类命运共同体”是对当今时代社会主义精神和道义的坚持和弘扬，这既反映了当今世界国家之间“你中有我、我中有你”的复杂利益关系和深刻而广泛的联系，也是对社会主义根本价值理念的生动具体运用。

（原载《中国井冈山干部学院学报》2016 年第 4 期）

世纪之谜的科学解答

“招国魂兮何方？大风泱泱兮大潮滂滂！”这是19世纪末梁启超越洋东渡后发出的浩歌——《二十世纪太平洋歌》。如果说从19世纪跨向20世纪之初，先进的中国人尚在为救国救民之道而在朦胧中求索，那么，经过半个世纪的奋斗和抗争，特别是当历史把振兴中华的重任赋予中国共产党人，而中国共产党人又不负众望地带领全国各族人民历经坎坷，终于找到中国特色社会主义道路时，“中国向何处去”这一困扰中华民族的世纪之谜已经得到了科学解答。

只有社会主义才能救中国

社会主义作为资本主义内部矛盾运动的必然产物，既表现为一种观念和制度，也表现为一种社会运动。资本主义开辟的世界历史时代，决定了社会主义从一开始就表现为一种世界性现象。鸦片战争以后的中国，逐渐沦为半殖民地半封建社会，面对国家重建和民族振兴的时代课题，中国社会各阶级阶层中的先进分子在作了种种探索以后，最后归于马克思主义、社会主义的救国方案，根本原因正在于时代主题的转变以及中国内外矛盾的激化。

五四运动以后马克思主义逐渐成为中国社会思潮的主流。以五四为界，中国人寻求自强的历史运动大致经历了从器物到体制再到观念的过程，从中反映的是开始“睁眼看世界”的中国人针对日渐衰败的现状所揭示的症结和开出的药方。在观念引进上，在辛亥革命前后的中国人中可以找到当时世界上几乎所有所谓先进思想的信徒，从工团主义、无政府主义、乡村运动到实用主义、社会达尔文主义、空想社会主义等，无不在相互激荡中竞相表现。辛亥革命以后，“中体西用论”思潮日渐没落，主张中西调和的观点在思想界占据上风。到五四前后，工农知识分子登上了历史舞台，陈独秀、胡适等人坚持“民主与科学”的立场，向封建旧文化进行不妥协的宣战，吴虞等人则打出了“打倒孔家店”的大旗，在思想界激起了轩然大波。“五四”运动后，马克思主义思潮异军突起，传播迅速。到20世纪30年代，一般社会思潮也发生明显转变，这从1933年7月上海《申报月刊》举行的中国现代化问题专题征文讨论中可以看出——全部征文中完全赞成中国的现代化应走西方或私人资本主义道路的只有一篇，倾向于采纳社会主义方式的约有五篇，其余则主张走混合道路。一般认为，中国共产主义运动的兴起是第一次世界大战和十月革命带来的激进主义思潮的产物。俄国工农兵苏维埃政权的诞生打开了中国先进分子关于重建国家的新思路。学习日本明治维新的路子走不通，学习西方资产阶级革命的孙中山道路也失败了，而西方资本主义文明又暴露出深刻的内在危机，这一方面启发中国思想界对资本主义进行再认识，一方面促使革命派转而效仿俄国革命道路。这是五四以后中国思想界主流逐渐转到社会主义、马克思主义上来的主要社会历史根源。

中国走上社会主义道路是历史演进的必然结果。从国际背景看，17—18世纪英国工业革命掀起了资本主义第一次殖民扩张的狂潮，19世纪中后期，在电汽技术的推动下，资本主义国家展开了又一次世界范围的对外扩张，到19世纪末20世纪初，在帝国主义列强对世界殖民地瓜分完毕之际，生产社会化与生产资料私人占有的矛盾越过民族国家的界限而成为一种世界现象，而解决之道，除了诉诸战争，已经别无选择了。正像当时有些西方学者所论述的那样，崇尚自由竞争的资本主义开始步入穷途末路，“西方的没落”（斯宾格勒）不可避免。大矛盾引起大失控，大动荡引起大革命。俄国十月革命作为资本主义发展到帝国主义阶段内外矛盾运动的客观结果，实质上体现和代表了落后国家和民族冲决资本主义世界体系的网罗，开辟出一条通向国家独立和民族解放的崭新道路。这条道路不是别的，正是为马克思和恩格斯所深刻揭示的、为列宁率先成功实践的、根源于资本主义世界体系而又高于资本主义，人民群众在马克思主义政党领导下为彻底解放自己而创造条件的科学社会主义道路。从国内情况看，鸦片战争打开了中国的门户以后，中国在19世纪下半叶力图效法日本，走君主立宪的自上而下的渐进改革道路，康有为曾设想，“变法三年可以自立”，“二十年而为政于地球”。由于自强运动和变法运动相继失败，到20世纪初，转而采取自下而上的资产阶级革命道路，以推翻帝制和建立议会民主制为奋斗目标。孙中山曾乐观地估计革命胜利后经过十年建设可以与西方“并驾齐驱”。然而，辛亥革命也失败了。到20世纪30年代，以城市为基础的仿效德国模式的发展趋向，与以农村为基础的仿效俄国模式的发展趋向，形成资本主义发展道路与共产主义土地革命道路的对立。其众所周知的结局是，后一种发展趋向对前一种发展趋向的胜利。一直到反法西斯的第二次世界大战以后，世界范围内民族解放运动更加高涨，在这种时代背景下要想把中国拉回到官僚资本主义的发展道路，而不是选择通过新民主主义过渡到社会主义道路，显然是逆潮流而动了。以此反观中国革命和建设道路的最终走向，其实就很明了了——放弃抗争，甘当列强的殖民地和半殖民地，那是任何有血性的中国人都不愿意接受的；寄希望于羸弱的民族资产阶级的力量而建立资产阶级共和国，事实证明也是一厢情愿；不顾时代潮流，梦想复辟帝制，只能遭到历史和人民的唾弃；唯有按照为科学社会主义所揭示的方向以及俄国十月革命所展现的道路团结带领最大多数的人民大众一起去奋斗，才能顺利实现国家独立、民族解放和人民幸福的“强国梦”。这就是邓小平后来所指出的，“中国除了走社会主义道路没有别的道路可走”。

中国共产党的领导地位是历史形成的。积贫积弱的旧中国面临着双重的历史任务，一是国家重建，一是民族振兴，与此同时还面临着既要反帝又要反封建的现实任务。中国作为古老的东方大国，自从清王朝在西方坚船利炮冲击下走向崩溃以后，大约在一个世纪的漫长时间内始终处于社会失序、政权更迭、价值真空、民不聊生的境地，而在帝国主义支配下几乎失去了必要的外部发展空间，其所面临的内外压力前所未有、世所罕见。在这样一个极其复杂艰难的内外环境中，要维护民族的尊严进而实现民族的复兴，首要的根本问题在于重建国家政权，寻求民族独立。而从近代民族国家的形成发展上看，要完成这一历史使命，又必须有一个适应时代要求能够肩负起领导责任的现代政党。由于西方列强的长期欺凌和压迫，中国民族资产阶级不仅始终力量羸弱，而且因为与外国势力利益关系的复杂纠葛而具有与生俱来的软弱性和妥协性，辛亥革命的失败不是偶然的。孙中山作为中国民主革命的先行者，固然组建了自己的政党，也提出了较为系统的“建国方略”，但由于帝国主义早已堵死了中国发展成为一个新兴资本主义国家的所有路径，资产阶级政党试图独当中国民主革命大任的良好愿望只能落空。这也说明了为什么孙中山后期会提出“联俄联共，扶助农工”的新纲领。后来随着中国内外矛盾的复杂演化，中华民族与帝国主义的矛盾上升为主要矛盾，代表工农阶层和人民大众利益的中国共产党的革命纲领得到社会各阶层的普遍赞同和拥护，而国民党虽经过诸如“新生活运动”等道德调理，却终于难掩其党派利益至上、逐渐丧失人心的总体发展态势。新民主主义革命在全国取得胜利，中华人民共和国的建立，标志着中国终于结束了长期一盘散沙的局面，也标志着中国人民经过百年求索和千锤百炼，终于有了可以信赖和依靠的坚强领导核心——中国共产党。这就从根本上回答了长期以来屡遭一些人诟病的所谓“一党专政”问题，即在他们看来，既然西方发达国家普遍推行多党制，中国坚持中国共产党的领导就是不合时宜之举，是违背世界民主化潮流的。对于主张“现代化”就是“西化”的人来讲，得出这样的结论一点也不奇怪，但是他们没有或者是根本不愿意正视一个基本的事实，即中国现代化进程完全是在与西方任何一个发达国家都不同的内外环境中启动的，总体上属于国家导向的赶超型现代化——一种非资本主义工业化模式，主张通过政治革命来推动经济革命与工业化，这就决定了它如果离开一个强有力的政党和政府的主导作用，不仅国家重建任务难以完成，民族振兴伟业更是无从谈起。

只有中国特色社会主义才能发展中国

新中国成立以来我国社会主义革命、建设实践以及国际共产主义运动的经验教训都说明，社会主义是在实践中不断变化、发展的有机体；在当代中国，只有中国特色社会主义理论体系而不是其他什么理论能够解答中国的前途命运问题，只有中国特色社会主义而不是其他什么主义才能发展中国，只有中国特色社会主义道路而不是其他什么道路才能实现中华民族的伟大复兴；中国共产党人只有把科学社会主义基本原则与中国具体实际相结合，赋予其鲜明的时代特征和中国特色，坚持走自己的路，在实践中不断丰富和发展中国特色社会主义，才能使中国特色社会主义道路越走越宽广。

首要的根本问题——什么是社会主义、怎样建设社会主义。邓小平多次指出，我们过去对“什么叫社会主义、怎样建设社会主义”的认识“不是完全清醒的”，“并没有完全搞清楚”，“还在摸索之中”。他说，我们建立的社会主义制度是个好制度，必须坚持，但问题是什么是社会主义、怎样建设社会主义，我们的经验有许多条，最重要的一条，就是要搞清楚这个问题。邓小平之所以如此重视和一再强调这个问题，是有深刻历史背景和强烈现实针对性的。新中国成立以来我们在革命和建设上的一系列曲折，深层次问题就是对社会主义包括对资本主义的认识和理解过于片面和教条，正如有的论者指出的，“对当代资本主义的认识仍是按19世纪资本主义初级阶段予以定位，这事实上是把历史时针拨慢了一个世纪；而另一方面面对现实的初级阶段的社会主义，又是按马克思设想的未来新社会予以定位的，这又把历史时针至少拨快了一个世纪”，总之“主要是一种僵化而浮夸的两极化世界政治图式在作怪”，对现代资本主义体现的现代经济特征与规律缺乏认识，对社会主义制度需要适应世界变化的形势进行模式转换缺乏思想准备，于是在第二次世界大战以后一个较长的发展关键时期内丧失了世界性大机遇——人民公社、“大跃进”以及“文化大革命”运动使新生的社会主义中国长期在低谷徘徊，而最早建立社会主义政权的国家苏联则在“民主化”“公开化”的旗帜下顷刻间土崩瓦解，造成了不可弥补的大失误，致使世界社会主义运动遭受重创。这都说明，在经济文化相对落后的国家建设和发展社会主义，是人类历史上一个崭新的课题，对于实践中的社会主义者来讲，始终面临的一个根本问题，就是如何结合实际情况回答“什么是社会主义、怎样建设社会主义”的问题。正像经历了20世纪两次经济危机和世界大战的资本主义世界产生大分裂与发展性危机一样，现实中的社会主义也是在经受考验和挫折中不断更新和生长的。那种认为只有资本主义代表的市场经济和自由民主才是现代化的终极目标，社会主义必将退出历史舞台的看法，是没有看到只要资本主义存在，体现它的内在矛盾的反体系运动——社会主义运动——就不会消亡的客观趋势；而那种认为只有按照经典作家的原则建立和发展起来的社会主义才是唯一合法性存在的观点，是没有看到社会主义作为通向现代化的路径和价值，在不同社会历史条件下具有多样化的表现形式，而这不仅没有否定社会主义的历史合理性，反而是其内在生命力和远大发展前途的一个例证。

历史的深刻启示——走自己的路，建设有中国特色社会主义。在过去的一百多年中，中华民族为了实现国富民强的现代化目标，几乎在不同程度上对西方出现过的各种现代化模式都进行过快速的选择和实验——日本式的立宪政体、德国法西斯主义、俄国革命道路和苏联高度集权的计划经济模式、新加坡模式、盎格鲁-撒克逊模式等，这是世界各国现代化进程中罕见的纪录。其中蕴藏许多挫折和教训，发人深省，而最重要的一条就是，中国的现代化既不能照搬这种或那种西方模式，也不能照搬俄国模式或日本模式，必须把马克思主义普遍真理与本国具体实际和时代特征相结合，创造性地探索具有中国特色的自主型发展模式。纵观近世以来各国的现代化，凡属成功的经验都是具有独立自主性的选择性现代化，而盲目排外、照搬外国模式的现代化未有不屡遭挫折的。最近三十多年的改革开放，我国社会主义现代化在历史转换时期取得的重大突破性成就，正是脱离了苏联模式，立足弘扬传统优秀文化，充分借鉴和汲取世界各国特别是发达资本主义国家的优秀文明成果的基础上，在探索具有中国特色社会主义现代化道路的指导思想下取得的。中国特色社会主义道路的成功实践是在党的十一届三中全会以后，但是对这一道路的艰辛探索早在新中国成立以后就开始了。以毛泽东为代表的第一代中国共产党人在领导人民建设社会主义过程中，虽然犯过不少教条主义特别是机械照搬苏联经验的错误，但是同时也没有停止过对适合本国国情的社会主义建设道路的探索。《论十大关系》的报告，就是以毛泽东为代表的第一代领导集体探索适合中国国情的社会主义建设道路的开始。毛泽东后来多次回顾说，新中国成立后的前几年经济建设主要学外国经验，1956年4月提出“十大关系”，开始提出自己的建设路线，原则和苏联相同，但方法有所不同，有我们自己的一套内容。这表明以毛泽东为代表的中国共产党人，坚持把马克思主义同中国实际相结合，确立了走自己的路，这对我国社会主义建设具有深远的指导意义。

唯一的判断标准——中国特色社会主义实践进程。在全球化的时代背景下，中国究竟应该走一条什么样的发展道路，采用什么样的发展模式，历来有各种各样的意见和争论，但正如实践才是检验真理的唯一标准，中国最终所应选择的发展道路和发展模式也应由实践来说话。譬如，在发展市场经济问题上，按照“华盛顿共识”的理论就是要尽可能地减少管制、推进资本自由化以及全面私有化，否则就不是市场经济，欧盟至今没有承认中国的市场经济地位，其理由主要也在于此。但是，事实上，改革开放以后，我国采取先沿海后内地等有序开放的战略，在政府主导下逐步提高经济的市场化程度，对于金融领域的对外开放则始终坚持自主、有序、稳妥的方针，而不是像有些新兴工业体采取一揽子方案，这种充分发挥市场在资源配置中的基础性作用的同时又注意发挥政府宏观调控作用的思路和做法，在经历了1997年亚洲金融危机以及当前华尔街金融海啸的严峻考验后，证明是行之有效的。有国外学者把走中国特色社会主义道路的“中国模式”看作是一种混合模式，认为它既不是苏联模式，也不是西方模式的延伸，既否定了苏联的完全公有化模式，也破除了西方的极端私有化模式，原因在于它把国际最优经验和中国本身实践相结合，努力整合各方面的动力机制。难怪针对全球化条件下的“中国奇迹”，有西方经济学家感叹，中国经济发展的实践屡屡打破西方经济学教科书的观点。再譬如，在发展民主政治问题上，主要有两种质疑的声音引人关注：一是认为改革开放以来我国实际上走了一条中国特色的资本主义道路，现实中很多问题和矛盾都根源于此，解决之道在于全面回归传统社会主义模式；一是认为在市场经济推动下，只有在政治上推行普选制、多党轮流执政以及三权分立等，中国的改革开放和现代化建设才能继续和深入。对这些论调最有力的回答还是不断发展的中国特色社会主义民主政治建设实践。

事实上，新时期中国的历史进程不仅没有丢掉老祖宗，反而通过改革开放开拓了马克思主义中国化以及科学社会主义理论的崭新境界；改革开放和现代化建设不仅没有忽视政治改革，恰恰是以思想解放和政治变革为先导和前提的。三十多年来中国改革开放和现代化建设的历史航船之所以能够在经历了苏东剧变、亚洲金融危机以及1998年洪涝灾害、SARS病毒传播、汶川特大震灾等重大事件后，成功举办北京奥运会，有效应对了席卷全球的金融危机，并率先从低谷复苏，正是得益于中国在实践中探索形成的独特政治体制和社会制度。有目共睹的铁的事实，不能不使越来越多的国际人士包括原本对中国发展持有怀疑和批评立场的人们改变看法，对中国共产党领导下的社会主义中国所具有的政治动员能力和社会制度优势刮目相看。至于下一步中国经济体制、政治体制、文化体制等具体如何改革完善，固然不能给予详尽预判，但是有一点至少可以肯定，即中国发展道路和发展模式的选择和定位，既不能走历史的回头路，也不应把某些西方国家的发展模式作为追求目标，而是要在充分尊重已有基本社会制度和体制框架下，以服从和服务于中国特色社会主义伟大实践为根本目的作出与时俱进的调整和变革，这是唯一积极有效的途径和做法。任何背离或无视中国特色社会主义实践进程和中国实际国情而提出的所谓变革方案，都逃脱不了最后破产的命运。

中国特色社会主义道路的鲜明特征

中国共产党领导下的中国特色社会主义道路，本质上不同于英美自由资本主义模式，不同于高度计划经济的苏联模式，也不同于社会民主党治下的民主社会主义模式，而是另辟蹊径、独树一帜，有着鲜明而独特的内在规定性。

独立自主。“天行健，君子以自强不息”。不听天由命，也不信邪，而是自尊、自立、自强、自重，乃是数千年来中华民族生生不息的内在主体根基，也是中国特色社会主义道路最重要的主体品格。一是自己的事情自己办。邓小平说：“独立自主，自力更生，无论过去、现在和将来，都是我们的立足点。”他还提出：“走自己的道路，建设有中国特色的社会主义，这就是我们总结长期历史经验得出的基本结论。”改革开放以来，我们实行出口导向型发展战略，充分利用国际国内两个市场、两种资源，尽管外贸依存度较大（超过60%），但不是外部依赖经济，更谈不上“依附型积累”，多年经济增长主要依靠中国自身的城镇化、工业化进程的推动，独立自主的发展实质始终没有变。二是坚持把自己的事情办好。这其中最根本的一条，就是紧紧扭住发展这个党执政兴国的第一要务，努力使经济增长速度保持在较高水平。面对当前经济危机深入蔓延、我国出口增幅锐减的形势，千方百计确保实现国内经济增长目标，本身就是对世界经济增长的最大贡献。办好中国的事情，关键在党。坚持了党的领导，也就从根本上掌握了发展自己的主动权。而把加强和改进党的领导与尊重和发挥人民群众创造历史的主体作用有机结合起来，正是胡锦涛在十七大报告中对改革开放“十个结合”宝贵经验的一个概括。三是在开放社会中认识自己、发展自己。中国特色社会主义道路的成功实践表明：闭关自守、关起门来搞建设，是一条自绝于人类文明大道的死路；盲目排外，任由民族主义情绪泛滥，根本上背离和平与发展的时代主题；不顾实际国情的区别，简单复制别国模式，无疑是取乱之道；而坚持与世界的良性互动，是获得对自身民族性格、历史方位、发展战略等主体特性的科学认识以及实现自身根本利益的必由之路。四是不畏强权，敢于并善于在复杂多变的国际政治斗争中捍卫自己的核心利益。当今世界并不太平，霸权主义和强权政治始终存在。坚持走社会主义道路的中国，在资本主义为主导的世界格局中是一个具有世界历史意义的开创性现象，它既是现代世界体系的产物，同时也是现有格局潜在而巨大的变革力量，由此决定了中国的崛起不可能一帆风顺，而是始终面临着巨大的外部压力。然而，不管是面对西方国家“超越遏制”“和平演变”“先发制人”等战略，还是针对“中国威胁论”“中国崩溃论”“中国责任论”等论调，我们没有因屈服于强大的外部压力而丧失应有的原则立场或自乱阵脚，而是始终以不屈不挠的精神，进行有理有利有节的斗争和回应。

改革开放。“时中”，即讲究因时而动、与时俱进，是中国古代哲学的一个重要思想。改革创新作为社会主义社会的自我完善和自我发展，是促进社会主义国家思想意识、体制制度不断适应生产力发展的强大动力。一是毫不动摇地坚持改革方向。1978年以来，没有思想观念、生产关系、管理体制、政府职能和领导方式等诸多方面的大变革，就不会有社会生产力的大解放和大发展。随着改革的不断深化，社会生活中诸如收入分配差距拉大、部分民众权益受到侵害、官员腐败现象严重等一些深层次矛盾和问题凸显，但我们不能因此而怀疑甚至否定改革重走回头路，更不能改弦易辙步入邪路，而应在不断增强改革决策科学性、改革举措协调性的前提下，最终依靠改革的不断深化加以解决。二是在与世界相联系而不是相脱离中发展自己。现在的世界是开放的世界，中国的发展离不开世界，而世界的前途命运也越来越与中国作用的发挥密切相关。不管国际风云如何变幻，只要一天不发生世界大战，中国就必须坚定不移地实施对外开放战略，努力在全方位、宽领域、多层次开展与世界各国的正常交流。中国社会主义建设以及国际共产主义运动的实践都证明，开放固然有风险，但封闭必将导致落后。尤其是在今天全球化的推动下，世界已经形成你中有我、我中有你的相互依赖的局面，任何试图脱离或反抗时代潮流的做法，终将害人害己。这正如中央领导同志强调指出的：面对国际金融危机冲击，中国将继续坚持对外开放的基本国策，始终不渝奉行互利共赢的开放战略。一个充满活力、更加开放的中国，不仅有利于保持中国经济平稳较快发展势头，而且有利于国际社会共同应对国际金融危机、促进世界和平与发展。三是因地制宜，鼓励创新，不搞一刀切。党和政府历来主张各地应紧密结合自身实际执行中央的路线方针和政策，以“三个有利于”为根本标尺，大胆探索、勇于创新，坚决摒弃僵化思维和教条主义的束缚。正是在这种改革方略的指导下，各地在社会经济发展、民主政治建设、文化体制改革等方面涌现出一系列带有本地特色的“模式”和“经验”，有力推进了各地的改革开放和现代化建设，也显示出以中国特色社会主义建设为实践基础的中国模式所具有的内在活力和强大生命力。四是稳字当头，循序渐进，不搞齐步走。正确处理改革、发展、稳定的关系，是三十多年改革实践的一条成功经验。我国的改革进程，突破了中外教科书的各种理论范式，打破了西方改革家的线性规划，也避免了苏联式的“休克疗法”带来的剧烈社会震荡，而在确保政权和社会稳定的前提下，大力发展社会主义市场经济，以党内民主推进人民民主，不断深化文化体制改革，探索走出了具有中国特色的一整套初见成效的具体发展道路。

以人为本。以人民为改革发展的主体，以人民为改革发展的动力，以人民为改革发展的标尺，以人民为改革发展的目的，是中国特色社会主义的鲜明价值取向，也是中国特色社会主义道路的一个显著特征。一是尊重人民首创精神。改革开放以来，从“包产到户”到“傻子瓜子”，从乡镇企业的“异军突起”到民营经济的“半壁江山”，从社会主义市场经济体制的确立到党代表常任制的推广，从“两推一选”干部选任制度到“一站式”公共行政服务体系等，几乎每一项关乎全局、影响深远、意义重大的体制、机制和制度创新，都得益于人民群众的首创之功，而关于改革发展的一系列科学理论的形成，实际上也是在人民群众推动下，对生动、丰富、鲜活实践经验的概括和总结。二是让改革发展的成果惠及全体人民。发展依靠谁、为了谁，是一个决定发展性质及其方向的重大原则问题。对这个问题，邓小平关于社会主义本质的著名论断已经作出了初步回答。由于全体人民不可能同步富裕，也为了有效避免平均主义现象的再度出现，现实中只能走“让一部分人先富起来”的路子。而当社会财富有了一定积累，尤其是面对阶层间收入分配差距有所拉大的时候，则不仅需要政府出面进行调节，同时还需要从新的实际出发实施新的发展战略，推动实现共同富裕的发展目标。党的十六大以来，以人为本、全面协调可持续的科学发展观的提出与贯彻，不是对以往发展路线的否定，更不是纠偏，根本目的在于通过经济发展方式的转变，确保广大人民群众得益于改革、受惠于改革，从而成为深化改革、扩大开放、保持稳定、促进发展、维护和谐的强大力量。三是切实保障人民群众的各项权益。“贫穷不是社会主义”。我国改革开放和现代化建设事业一定意义上是从解决人民的温饱问题起步的，而当人民生活水平普遍提高，“没有民主，就没有社会主义”“精神空虚也不是社会主义”等就很自然地成为新时期新阶段人们对“什么是社会主义、怎样建设社会主义”问题的追问。对这些问题的回答，构成为新形势下党和政府为切实维护、实现、发展人民群众各项基本权益而推行的一系列改革发展举措。党的十六大以来，我们把新时期的奋斗目标完整地表述为“建设富强、民主、文明、和谐的社会主义现代化国家”，则是对改革开放和现代化建设根本目标的进一步明确，同时也深刻揭示了中国特色社会主义道路所蕴含的基本价值遵循。

和平发展。崇尚以德服人，而不是以力服人，是中国传统政治文化的重要取向。坚持走中国特色社会主义道路的中国，历来奉行和平共处、合作交流、互利共赢的对外战略。在政治文化上推崇王道的中国人，把必要的武力只是看作防身之术，不像近代以来一些西方列强用作对外侵略扩张的工具。秉承这一文化底蕴的中国，过去、现在和将来都不会称霸，它所开辟的将是一条不同于以往的完全新型的大国崛起之路。当前，一个需要引起关注的问题是，为什么面对本质上和平发展的中国道路，国际社会依然有人对其表示怀疑乃至否定？其根源在于有些人习惯于用老眼光看待新情况，在他们看来，既然以往所有大国走向崛起都给国际格局带来了挑战，中国又凭什么例外呢？这就启示我们，针对种种关于中国发展道路的误解、质疑和非议，迫切需要通过比较研究，全面、准确地总结和提炼出中国发展道路的文化内涵，向世界展现这一模式所蕴含的价值取向，使越来越多的世人认识到：这一模式不仅是崇尚王道的五千年华夏文化传统的历史延续，也是坚持以开放胸襟面向世界、走向未来、实现现代化的社会主义中国的必然选择。

新中国成立以来，特别是改革开放以来，中国经济保持接近两位数的强劲增长势头，使数以亿计的人口摆脱了贫困，推动全国人民的生活水平总体上步入小康，综合国力1998年跃居世界第三位，“中国奇迹”成为一个时期以来海内外舆论的焦点话题。尤其是2008年美国次贷危机引发的金融海啸，席卷全球，深不见底，集中暴露出美国式资本主义的贪婪、自私和放纵，也使人们对曾经盛极一时的所谓“华盛顿共识”深表怀疑，而面对危机以来中国经济的一枝独秀以及作为负责任大国的优异表现，包括不少西方政要在内的国际人士开始重新定位崛起中的中国，对坚持自主创新、渐进改革、和平发展的“中国模式”“中国道路”充满期待和信心。不管怎样，这些新情况、新发展和新动向事实上都在说明：坚持把马克思主义普遍原理与中国具体实际和时代特征相结合，坚持走自己的路，建设有中国特色社会主义，乃是中国通向现代化，进而实现中华民族伟大复兴的唯一正确道路。不仅如此，它还深刻表明，到21世纪中叶，中国基本上实现社会主义现代化，“这不但给世界总人口四分之一的第三世界走出了一条路，更重要的是向人类表明，社会主义是必由之路，社会主义优于资本主义”。

（原载《马克思主义研究》2009 年第 8 期）

中国走上社会主义道路是“历史的误会”吗

问：近代以来，古老的中国多灾多难，受尽屈辱，然而伟大的中华民族不屈不挠，屡屡从逆境中奋起，直到建立社会主义新中国。对于这段历史，始终有一种观点认为，中国走上社会主义道路只是“历史的误会”，而没能走上资本主义道路却是“历史的遗憾”。对此，您怎么看？

答：是“历史的误会”还是“历史的遗憾”，得由历史发展的客观事实来回答。我们先来看看当时的时代背景。19世纪末20世纪初，资本主义进入帝国主义阶段。从根本上看，在帝国主义主导的资本主义世界体系里，发达国家与不发达国家实质上是一种共生关系，也就是说，前者是建立在后者基础上的，没有大量不发达国家和地区充当发达国家的殖民地和半殖民地，就没有发达国家的发展和繁荣。从这个意义上讲，在帝国主义时代，殖民地半殖民地国家试图效仿发达国家通过资本主义道路彻底摆脱不发达状态，帝国主义国家出于自身利益需要首先就不会答应，即便勉强成功，最终也只是充当发达国家的附庸，走一种依附性积累的畸形道路，不会有更好的前途。这已经为现代世界历史的发展反复证明。

从中国的具体情况看，当时的社会经济政治状况也没有走上资本主义道路的可能。由于西方列强的长期欺凌和压迫，中国民族资产阶级不仅力量羸弱，而且因为与帝国主义和封建主义有着千丝万缕的联系，具有天然的软弱性和妥协性，只能依附于国际资本主义来寻求生存和发展，不可能发展成独立的完全的资本主义。代表“四大家族”利益的国民党蒋介石政府，没有实现“发展民族工商业”的承诺，倒是依附于帝国主义、具有封建性的官僚资本主义及“四大家族”，私欲膨胀、大量敛财，最终走向人民大众的对立面。

面对“三千年未有之大变局”，特别是面临国家重建、民族振兴的双重历史任务，在鸦片战争之后的近百年时间里，封建地主阶级顽固派和革新派以及资产阶级立宪派和革命派等不同的政治力量，先后提出代表各自利益的政治主张，并在不同程度上试图践行各式各样的救国方案，然而都未能改变中国积弱积贫、任人宰割的悲惨命运。中国共产党以救国于危亡、拯民于水火为己任，从俄国十月革命中看到了民族复兴的曙光。自从有了中国共产党的坚强领导，有了马克思主义的科学指导，有了社会主义的奋斗方向，中国命运才发生了根本性的改变。

从上面的分析我们可以明白，西方帝国主义列强侵入中国，决不是要把封建的中国变成资本主义的中国。它们的目的，就是要占领中国的市场，掠夺中国的资源，使中国永远保持半殖民地和附庸国状况。先天不足的中国民族资本主义在强大的西方资本主义和顽固的封建主义势力的挤压中，无法发展。可以说资本主义道路对于深陷内忧外患中的近代中国而言完全是一条死路，因此也就根本不存在所谓“历史的遗憾”。中国选择了社会主义道路，不是什么人的主观意愿，更不是什么历史的误会或巧合，而是历史发展的客观必然、人民大众作出的正确选择。

问：比较中有鉴别。在中国为什么没有走资本主义发展道路的问题上，一些人经常拿日本来与中国作比较，有个疑问是：作为中国的邻国，日本为什么走上了资本主义道路？

答：任何社会历史现象无不是各种相关因素综合作用的结果。中日两国虽然互为邻国，文化上也比较接近，但由于其他社会变量因素的影响和制约，最终导致两国发展道路的根本不同。首先是面临的国内外环境不同。世界现代化进程表明，对于经济文化落后的大国来讲，争取一个统一而稳定的国内政治环境与相对和平的国际政治环境，是实现经济增长与社会发展不可缺乏的必要前提。早在19世纪中后期就走上资本主义发展道路的日本，在这方面的情况与中国相比有很大不同。近代日本的革新图强虽然始自1868年明治维新，但在德川时期就已开始有缓慢的经济增长，而在工业化起步以后，享受了长达70多年的统一、和平与稳定，为日本迅速发展成为东亚强国奠定了坚实基础。这是近代工业革命以来唯一一个西方世界之外的国家能够步入资本主义强国之林的至关重要的原因。反观中国鸦片战争以来的近百年历史，中国的自然灾害、社会运动、帝制崩溃、国内战争、对外战争等，相互交织，从未间断，这是世界其他国家处在同一历史转型期罕见的。异乎寻常的内外环境，深刻影响了中国革命的路径选择及其最终走向。其次是发展路径的不同。日本之所以能够在19世纪后期迈进资本主义强国之列，重要原因在于它从一开始就走上了一条对外侵略扩张、对内无情压榨的军国主义道路，通过对周边国家的侵略战争攫取了大量国内发展亟需的资源和财富。军国主义本质上是一种法西斯主义，是与世界发展潮流和人类文明前进方向根本相悖的。中国作为日本侵略战争的直接和最大的受害者，对资本主义的现代变种——军国主义深恶痛绝，不管从感情上还是从历史发展的客观趋势上，都不会再效法日本式资本主义的发展道路。这实际上也说明了一个近乎浅显的道理，选择什么样的发展道路，是由本国现实国情和时代大趋势决定的，盲目照抄照搬，或者削足适履，非但不能给人民带来福祉，还会带来无穷后患。一些国家民族独立后，选择了脱离国情的资本主义发展道路，当前仍处于贫穷落后混乱状态的事实也足以说明这一点。

问：我国改革开放以来的实践已经雄辩地证明，中国特色社会主义道路是实现民族振兴、国家富强、人民幸福、社会和谐的必由之路，是发展中国的唯一道路。然而，对这一基本事实，并不是所有的人都认同，譬如“补课论”者就认为，“特色社会主义”其实是“补资本主义的课”。对此应该怎样看呢？

答：“补课论”的一个基本观点是，改革开放后中国推行市场经济，发展社会生产力，就是在补资本主义没有充分发展这一课。这种观点的错误在于，无视现实社会主义的实际发展，无视新中国成立以来中国社会主义革命和建设的客观事实，只是用他们关于社会历史发展的抽象原则来裁剪生动丰富的社会现实。首先应该看到，经济文化相对落后的国家建设社会主义，首要的基本问题是科学回答“什么是社会主义、怎样建设社会主义”。“文化大革命”以后，以邓小平为代表的中国共产党人在深刻总结前人经验教训的基础上，围绕“什么是社会主义、怎样建设社会主义”问题，把社会主义的本质界定为“解放生产力，发展生产力，消灭剥削，消除两极分化，最终达到共同富裕”，从而确立了中国特色社会主义道路的根本理论前提。由此不难看出，大力发展社会生产力，本来就是社会主义本质的题中应有之义，根本谈不上“补资本主义的课”的问题。改革开放以后中国发展商品经济，固然与经典作家的有关设想和论述不完全一致，但却是社会主义生存发展的必由之路，实际上它是在资本主义主导的国际背景下，处在初级阶段的社会主义国家的一项现实的基本历史任务，因而不仅不是所谓的“补课”，反而恰恰是对资本主义“卡夫丁峡谷”的真正跨越。与此同时，我们还要看到，我国主动融入世界，在开放的时代条件下发展市场经济，仍然坚持中国特色社会主义的所有制结构和分配方式，确立与社会主义市场经济相适应的人们的价值观念和伦理道德，其与资本主义的本质不同也可见一斑。

新中国成立60年来，特别是改革开放30年来，我们党从社会主义初级阶段的实际出发，围绕落后的社会生产与人们日益增长的物质文化需要之间的这个主要矛盾，围绕解放和发展生产力这个社会主义的根本任务，确立了“以经济建设为中心，坚持四项基本原则，坚持改革开放”的基本路线，在短短几十年间取得了发达资本主义国家用上百年才取得的发展成就，中国这艘历史航船不仅没有偏离社会主义的航向，反而在经过了多次激流险滩的考验后，中国特色社会主义道路越走越宽广。因此，我认为对于中国特色社会主义的认识，必须着重把握这样两点：一是深刻认识和把握我国依然处于并将长期处于社会主义初级阶段这个最大最基本的国情，一切从社会主义初级阶段出发，既不能不顾实际盲目超越阶段，也不能无视我国已经进入社会主义社会的基本事实；二是深刻认识和把握中国特色社会主义作为中国共产党把马克思主义普遍原理与当代中国实际和时代特征相结合的产物，既坚持了科学社会主义的基本原则，同时又充分反映了中国实际和时代特征，深刻认识在当代中国，坚持中国特色社会主义就是真正坚持社会主义，坚持科学社会主义基本原则就要坚持中国特色社会主义。

问：国际金融危机发生以来，已经融入世界经济体系的中国，难免受到冲击，由此有人认为我国经济发展战略应做调整，要彻底转到依靠内需上来。您认为，在全球化背景下，如何将中国特色社会主义道路继续走下去？

答：中国要实现进一步发展，就必须更好地融入世界。这是因为今天的中国对于世界已经有了很深的依存关系，像我们这样人口大国、资源小国，未来发展凭借的不是任何一种单向度选择，而是在于如何协调发挥国际国内两种资源、两个市场的合力作用。在这种背景下，将中国特色社会主义道路继续走下去特别需要坚持这样几点：

解放思想。解放思想是发展中国特色社会主义的一大法宝。30多年的实践表明，坚持解放思想，是坚持和发展中国特色社会主义必需的思想条件，是事关党和国家前途命运的重大政治问题。站在新的历史起点上，着眼推动改革开放和现代化建设的实际进程，更好地认识和把握中国特色社会主义建设的客观规律，必须紧紧围绕解答当前影响和困扰科学发展、和平发展、和谐发展的一系列深层次矛盾和问题，坚定不移地坚持解放思想、实事求是，努力研究新情况、形成新认识、解决新问题，使我们的各项工作充分体现时代性、把握规律性、富于创造性。这是确保中国特色社会主义事业不断取得新的更大胜利的根本思想条件和强大精神动力。

党的领导。党的坚强领导是中国特色社会主义事业的根本保证，也是我们最大的政治优势。建设中国特色社会主义是一项长期、艰巨的历史任务，需要几代人甚至十几代人的努力才能实现，如果没有一个能够忠实反映和代表全国各族人民根本利益的马克思主义政党的坚强领导，完全是不可想象的。中国共产党的领导地位是历史形成的，它是经过中国社会主义革命、建设和改革的实践反复证明，真正能够带领人民实现民族振兴、国家富强和人民幸福的政治力量。坚持共产党的政治领导地位不动摇，是我们的一大制度优势，是基于中国的现实国情而作出的唯一正确的抉择。如同社会主义并不是一成不变而是处于不断变革中一样，中国共产党也要根据实践发展和时代要求不断自我完善，特别是在发展社会主义市场经济的时代条件下，面对日趋多元化的社会利益主体以及不断增加的人民群众的新期盼，只有与时俱进地创新党的执政理念、改进执政方式、丰富执政资源、巩固执政基础、提高执政能力，坚持以改革创新精神全面推进党的建设新的伟大工程，才能更好地完成自身肩负的历史使命，永葆青春与活力。

改革开放。改革开放是决定当代中国命运的关键抉择，也是发展中国特色社会主义的强大动力。早在改革开放之初，邓小平就强调指出，不改革开放，不发展经济，不坚持社会主义，就只有死路一条。1978年以来我国改革开放的伟大历程雄辩地说明，只有改革开放才能发展社会主义，发展马克思主义。在新的历史起点上，继续推进中国特色社会主义伟大事业，必须排除各种干扰，坚定不移地坚持改革开放。总之，在改革开放这个事关党和国家大局、事关中华民族历史命运的重大战略问题上，我们一定要深入理解、坚决贯彻中央提出的不折腾、不动摇、不懈怠的工作方针。

科学发展。科学发展是中国特色社会主义的根本要求，也是新的历史条件下我国经济社会的根本指针。处于执政地位的共产党只有一切从实际出发，切实按照经济社会发展的客观规律想问题、定政策、办事情，坚持科学发展、和谐发展、和平发展，才能从根本上避免少走弯路、少犯错误，又好又快地推进中国特色社会主义伟大事业。新世纪新阶段，面对全球化、市场化、信息化深入发展的总体趋势，要科学认识、有效解决我国经济社会发展中的若干深层次问题和矛盾，创新发展思路、转变发展方式、提高发展水平、丰富发展举措，根本出路在于牢固树立并自觉坚持以人为本的科学发展观，把科学发展观作为统领经济社会发展全局的根本指针。

近年来，鉴于中国经济的高速增长，“中国道路”或曰“中国模式”引发国际热议，甚至有人提出“北京共识”将替代“华盛顿共识”。对此，我们一方面要看到这的确反映了国际社会对“中国道路”或“中国模式”的广泛认同，另一方面也要清醒地认识到，不管别人怎么看，以中国特色社会主义道路为实质内涵的中国模式，依然在成长过程中，对此我们要有清醒的认识。尤其是面对国际金融危机的蔓延和冲击，我国原有经济发展方式亟待转变的问题更加突出，我们要以科学发展观为指导，切实办好自己的事，在解决各种现实问题中不断丰富中国特色社会主义理论体系，使中国特色社会主义道路越走越宽广。

（原载《党建》2009 年第 8 期。采访记者为徐瑶）

中国话语与中国实践

习近平同志强调，要加强话语体系建设，着力打造融通中外的新概念新范畴新表述，讲好中国故事，传播好中国声音，增强在国际上的话语权。这说明，抓好包括哲学社会科学在内的话语体系建设以及切实增强我国在国际上的话语权，已经成为当前全面推进中国特色社会主义伟大事业的客观要求和紧迫任务，必须引起全党全社会高度重视。对于广大理论工作者以及实际工作者来说，准确理解中国特色话语体系建设的时代背景和理论内涵，有效推动各项具体工作，必须自觉立足于以改革开放为标志的中国特色社会主义实践进程。

“西强我弱”的时代背景

话语及话语体系是社会意识的组成部分。在特定的历史背景下，具体到不同社会制度的国家，从本质上看，它既受生产力发展水平的影响，更直接地受到社会交往形式（经济基础）的制约，体现和表达的是处于统治地位的阶级、集团的根本利益及其核心价值。理论上讲，每一个不同国情的国家均应有自己独特的话语及话语系统，然而“理想是丰满的，现实是骨感的”，长期以来由于国际社会中霸权主义（“帝国主义”）和强权政治（“强权即公理”）的客观存在，包括中国在内的不少发展中国家尽管早就取得了民族独立和国家主权，但并没有赢得自身应有的话语权地位，实际上处于“失语”甚至“挨骂”的被动境地。这其实就是当前我国话语体系建设必须清醒面对的所谓“西强我弱”的国际环境。这主要表现为二战以后尤其是冷战结束以来以美国为首的西方国家凭借其经济、军事、科技等优势，把“自由”“民主”“人权”等抽象价值观包装成所谓“普世价值”，肆无忌惮地在世界范围内推行意识形态渗透和“文化霸权”行径，妄图“和平演变”和“不战而胜”，给奉行社会主义道路及其核心价值观的中国在包括话语体系在内的意识形态建设上构成极大威胁和挑战。这就决定了当前乃至今后一个较长时期内中国特色话语体系建设的严峻性、复杂性和艰巨性。

一是严峻性。可以说从社会主义中国这个新生儿呱呱坠地那一刻起，就始终面临着西方资本主义强权势力的围堵和打压，从乔治•凯南的“超越遏制”到尼克松的“不战而胜”，从塞缪尔•亨廷顿的“文明冲突论”到弗朗西斯•福山的“历史终结论”，以及近年来不绝于耳的所谓“中国崩溃论”“中国例外论”“专制国家论”“中国责任论”“人民币汇率操控论”“搭便车论”等等，均可谓西方资本主义强权势力针对蒸蒸日上的社会主义中国的舆论战伎俩。在改革开放的时代背景下，由于国内生产力发展水平以及国内外民众文化素养尤其是政治鉴别力的相对低下等因素制约，上述论调客观上给我国和平发展造成了极为不利的宏观舆论场，对处于执政地位的中国共产党顺利推行各项路线方针政策，继而带领亿万人民实现既定奋斗目标等构成了直接而广泛的冲击和威胁，我们必须时刻高度警惕和有效应对。

二是复杂性。这主要是指中国特色社会主义是在以和平与发展为时代主题的历史背景下展开的，改革开放是中国式社会主义的题中应有之义，而我国的开放首先是向美国、日本、西欧等发达资本主义国家开放，即利用资本主义的一切有益的东西来实现中国特色社会主义的自身发展，如此一来，一方面由于在经济文化相对落后的条件下建设社会主义的经验不足，我们对于当代资本主义世界及其新变化的认识是一个动态的发展过程，客观上不存在等你认识清楚了再来实施的问题，在实际游泳中提高游泳水平才是必由之路；另一方面由于社会制度和价值取向的根本不同，发达资本主义国家在军事打击和政治围堵等手段相继失败后，转而寄希望于通过“接触”方式在将中国“纳入”资本主义世界体系的过程中，妄图以推行新自由主义的经济变革引发政治、文化等上层建筑领域的改旗易帜，即实施所谓“和平演变”的图谋。这就是说，我国在改革开放和发展社会主义市场经济的全过程中既要主动、充分地学习借鉴西方的一切有益于我的文明成果，又要保持高度警惕、切实做好与西方强权势力针对我国的渗透、解构和颠覆行径的各种斗争。这一点体现在坚持党在新时期的基本路线上，就是始终保持理论上的清醒和政治上的坚定，对于来自国内外一切质疑、背离、否定和攻击 “一个中心、两个基本点”的“左”和右的错误倾向敢于亮剑。

三是艰巨性。中国特色话语体系不是一个简单的、孤立的理论或学术问题，而是与中国特色社会主义事业密不可分的有机整体，因此，提出问题与解决问题，都应着眼于坚持和发展中国特色社会主义这个当代中国最鲜明的主题。中国特色社会主义是一项前无古人的伟大事业，是一个代代相传的历史接力，需要时时面对可能预料以及难以预料的前进中的诸多困难（具有许多新的历史特点的伟大斗争），其艰巨性、长期性可想而知，在这个问题上，任何一蹴而就或悲观失望的看法都是有害的、错误的。因此，建设中国特色话语体系必须“致广大而尽精微”，既要抓住当前最为紧迫的问题，以守土有责、守土负责、守土尽责的担当精神，打好反击战，积小胜为大胜，久久为功，又要坚定正义必胜、人民必胜、社会主义中国必胜的信念，确立持久战思想，多做打基础利长远的工作，逐渐变被动为主动、变战略防御为战略反攻，最终赢得国际话语权斗争的胜利。

“中国实践”的根本动力

社会存在决定社会意识。中国特色话语体系以及国际话语权问题，之所以在今天被提升到如此历史高度，根本原因还是在于蓬勃发展的中国特色社会主义伟大实践的推动和呼唤。新中国成立以来特别是党的十一届三中全会以来，以邓小平为代表的中国共产党人拨乱反正，实现全党工作重心从“以阶级斗争为纲”转变到“以经济建设为中心”上来，以改革开放为标志的中国特色社会主义扬帆起航，随之而来的就是为海内外热议的“中国奇迹”“中国模式”“中国故事”等，但对于如何解读和阐发这其中蕴含的现代化建设的“中国经验”，为西方话语范式所羁绊的众多海内外学者难以探其究竟，与此同时，包藏祸心的西方强权势力却借机大做文章，通过丑化、妖魔化等手法，极尽歪曲、打压之能事，这就提出了一个极其重大而又十分紧迫的课题，即立足中国实践，总结中国经验，讲好中国故事，传播好中国声音，努力让海内外人士对担负13亿人口的生存发展责任乃至关乎整个人类前途命运的当代中国获得一个真实而全面的认知，已经成为走出当下诸多困境、谋求进一步发展的“瓶颈”，亟待破解。在这方面，应注意把握以下两点：

一是实践第一。实践往往走在理论前面。以改革开放为标志的中国特色社会主义实践波澜壮阔，创造了和正在创造着一系列根本不同于西方价值体系的崭新文化和文明系统。打造中国对外传播话语体系也好，建设中国特色哲学社会科学话语体系也好，争夺国际话语权也好，必须自觉服从和服务于中国特色社会主义伟大实践进程，聚焦中国特色社会主义的鲜活而生动的实践经验，确立解放思想、求真务实的科学态度，进一步把握规律、提升认识、凝聚共识，合力把中国特色社会主义全面推向21世纪。

二是问题导向。问题就是时代的声音。中国特色社会主义不同于改革开放以前的中国社会主义，它是以改革开放和发展社会主义市场经济为标志的，与苏联社会主义模式也存在很大不同，当然与西方资本主义更是存在根本区别，如此，在改革和建设过程中涌现出的一系列问题和矛盾，就必然带有鲜明的中国特色、实践特色、民族特色和时代特色。中国特色话语体系必须以现代化建设和我们正在做的事情为中心，着眼于马克思主义的实际运用，围绕深入解答和阐释“中国特色社会主义为什么能”“中国共产党为什么能”“中华民族为什么能”等重大理论和实际问题，逐步建构一整套具有浓郁中国特色、中国风格和中国气度的哲学社会科学话语体系和思想文化体系。

“文化自信”的价值内核

中国特色话语体系是中国特色社会主义文化的题中应有之义——处于主导地位的是当代中国鲜活的马克思主义，贯穿始终的是社会主义核心价值观，揭示的是中国特色社会主义道路、中国特色社会主义制度和中国特色社会主义理论体系的实践基础、科学内涵、内在联系及现实意义，体现的是当代中国共产党人及其领导下的13亿中国人应有的文化自信、文化自觉和文化自强。建设中的中国特色话语体系理应自觉把握“文化自信”的价值内核，秉持中国立场，确立世界眼光，坚持实践标准，推进综合创新。

一是体现主体性。谈论话语和话语体系，不能离开特定的历史主体。中国特色话语体系的主体当然是“中国”，但不是抽象的“中国”，而是有着诸多具体规定性的“中国”。如何认识和表达这个具有丰富而鲜活规定性的“中国”，本身就构成为当前中国特色话语体系建设的一项根本内容。所谓“文化自觉”，其实质在于对“我是谁，我从哪里来，又到哪里去”的持续追问。今天的“中国”是历史“中国”的延续，认清当下的“中国”的历史方位，必须保持一份对历史和传统的敬畏和自觉；当下的“中国”又是世界中的“中国”，找准“中国”的时代坐标，必须放眼世界，从与世界各国、各民族的比较和互动中时时予以反思；现在的“中国”还是指向未来的“中国”，做好现在的“我”，必须抬头看路，从奔腾不息的时代大潮中明确当前使命。近代以来，在强势的西方文化威压下，尽管我们目前仍然处于弱势，但经过百余年来历代仁人志士的不懈奋斗，尤其是新中国成立以来，中国这头“睡狮”已经醒来，并且带给世界以深刻改变，对此，我们应有充分的文化自信，理应在核心价值、文化形态、话语体系、平台建设以及传播方式等方面来个根本提升。这是我们进一步前行所必需的“身份认同”，也是中国特色社会主义继续为世界和人类作出更大贡献的客观要求。

二是体现开放性。五千年的中华文化一路走来，九曲百转，薪火相传，一以贯之的是自强不息的精神和厚德载物的气度。从两汉到隋唐，从宋元到明清，面对外部世界与异质文明，兼容并包、自信从容往往与昌明盛世相伴生，闭关锁国、唯我独尊必然导致国势衰微。如今，面对强势的西方文明，中华文化必将以其深厚的底蕴，吸纳兼容，再度凤凰涅槃。体现在话语体系建设上，就是要顺应和平与发展的时代主题，在不同文明的交流互鉴中取长补短、共同发展，对待西方资本主义文化及其话语体系，以具体问题具体分析的科学态度给予辨析，对于散布“西方中心主义”、推行文化霸权、宣扬“普世价值”、兜售“新自由主义”的思潮及学说要给予深入揭露和回击，而对于西方科学技术以及在思想文化方面为全人类所共同创造和享有的有益成分应给予正视，并结合中国实践和思想文化建设的实际加以汲取。只有这样，中国特色话语体系才能确保自身永立时代潮头，引领世界先进文化的前进方向。

三是体现创新性。伟大的时代呼唤伟大的思想，伟大的实践必将创造伟大的理念。建设中国特色话语体系，是在经济全球化、政治多极化、文化多样化的历史背景下展开的，必然面临各种思潮相互激荡、不同价值观念氤氲共生的客观现实，如何冷静看待不同文化样式和文明形态的多元共存，以及如何做到既面向未来又不忘本来，既博采众家之长又能够自成一体，是一个方法论问题，也是其内容建设本身。在“古”“今”“中”“西”或曰“中”“西”“马”的问题上，中华文化发生发展史深刻表明，“出入于佛老，而复归于儒学”往往是传承与创新的必由之路。当然，对于中国特色话语体系建设而言，“佛老”与“儒学”的矛盾关系已经转化为如何以马克思主义立场观点对待中国传统文化和西方文化的问题。马克思主义是我们的立党立国之本，也是中国特色社会主义文化的灵魂所在，因此是中国特色话语体系创新发展的根本指导原则。一部国际共产主义运动的历史说明，沿着马克思主义的道路前进，我们将不断接近真理，而沿着其他什么道路，除了失败，我们将什么也得不到。毋庸讳言，现实生活中，从一些党员干部到大学讲坛，从极少数主流阵地到网络新型媒体平台，“马克思主义”存在边缘化的危险。令世人瞩目的是，党的十八大以来，以习近平同志为核心的党中央高举旗帜，勇于担当，身体力行，高度重视党的思想政治和国家意识形态建设，针对哲学社会科学创新、高校思想政治工作、打造对外传播体系、推进媒体融合发展、加强网络空间治理等提出了一系列新思想新理念新战略。这是坚持用马克思主义创造性分析和解决当代中国一系列重大理论和实际问题的生动实践，同时也以鲜活的内容丰富、拓展、深化了中国特色话语体系。

当前，按照党中央的战略部署，加快建设中国特色话语体系，必须牢固树立“政治意识、大局意识、核心意识、看齐意识”，深入学习贯彻习近平同志系列重要讲话精神，尤其是注重学习和领会习近平同志实事求是的马克思主义文风以及关于治党治国治军、内政外交国防等的新思想新理念新战略，切实把改革开放以来党领导人民干事创业的实践经验充分反映出来，把当代中国共产党人创造性运用马克思主义的最新理论成果充分体现出来。

（原载《国家行政学院学报》2017 年第 1 期）

清醒认识
当前意识形态工作的时代背景

当前，我国思想理论和意识形态领域，各种思潮相互激荡，客观形势复杂多变，发展态势趋稳向好。同时还须清醒地看到，由于根本利益立场和价值取向的迥异，与中国特色社会主义事业的蓬勃发展相伴随，我们与日渐衰落的西方霸权势力在意识形态战线上或明或暗的斗争只会更加频繁和激烈，双方势必在国际话语权、道义制高点以及发展模式等方面展开愈加正面和广泛的较量。未来一个较长时期内，我们在维护和巩固马克思主义在思想文化和意识形态领域的主导地位以及建设社会主义核心价值体系方面，必将面临愈益艰巨繁重的历史任务。对此，我们有必要自觉坚持和运用马克思主义的理论视角，给予清醒认识。

正确把握当前我国意识形态工作所处的时代背景，离不开马克思主义这一伟大的认识工具

对于理论工作者而言，“意识形态”的字眼并不陌生，但熟知并非真知。真正搞懂弄清“意识形态”的内涵和外延，做好思想理论这项极其重要的意识形态工作，必须自觉坚持和贯彻马克思主义的立场观点方法。在关于社会历史发展的大趋势上，马克思主义的一个根本立场和观点是——资本主义必然灭亡、社会主义必然胜利（“两个必然”）。现

在在一些人那里，似乎一提“资本主义”“社会主义”，不是僵化、保守的代名词，就是所谓“意识形态话语”。但是，一部国际共产主义运动史深刻表明，“资本主义”“社会主义”决不只是概念、辞藻，更不是执政党用来骗人的把戏，而是我们身处其中、关乎每个人命运的客观历史现象。纵观寰宇，世界多极化、经济全球化、文化多样化不断深入发展，存在多种多样的社会制度、发展模式和发展道路，但归根结底，是资本主义制度、道路与社会主义制度、道路的竞争。苏联解体、东欧剧变以来，东西方冷战结束了，世界社会主义运动处于低潮，和平与发展问题凸显，意识形态问题“淡化”，但这并不等于从此没有意识形态问题了，不等于地球上没有资本主义制度与社会主义制度的竞争和斗争关系了。事实上，随着中国特色社会主义道路越走越宽广，西方国家更是不断加紧实施对中国的渗透、围堵、打压乃至颠覆图谋。近来，美国在针对中国倡导成立亚投行问题上表现出的态度及行径早已是“司马昭之心，路人皆知”。如此看来，近年来来自西方的“中国威胁论”“中国崩溃论”等论调之所以不绝于耳，社会思潮领域诸如“宪政”“普世价值”“历史虚无主义”“公民社会”“国有经济低效论”“军队国家化”“司法独立论”“集体主义虚幻论”等甚嚣尘上，决不是空穴来风，而是有着鲜明、深刻的社会历史背景。

无论如何，以美国为首的西方发达资本主义国家不愿意看到一个强大的社会主义中国出现，理由很简单，中国特色社会主义道路、制度、理论及其人民大众的价值取向与以美国为首的西方垄断资产阶级个人主义价值观在根本上是对立和冲突的。放眼世界，展望未来，“一球两制”的大气候、大格局不仅没有变，而且有新的、更加深刻和广泛的体现。这应是我们观察分析当前意识形态工作大形势必不可少的重要视角。

“西强我弱”的局面仍然存在，客观上决定了我国意识形态战线的总体防御态势

社会主义是新生事物，在可以预见的将来，在与资本主义相比较而存在、相斗争而发展的历史进程上，仍将处于相对弱小、总体战略防御阶段。即便今日中国有如此惊艳的表现，不管世人如何追捧和逢迎，在“两个一百年”奋斗目标相继顺利实现以前，我们必须清醒认识和看待发展中的社会主义中国所处的客观环境和发展阶段，必须清醒看到当今世界格局仍然是以美国为首的西方发达资本主义国家为主导的，“西强我弱”的被动、不利局面没有根本改变。这就决定了我们在意识形态战线上必然长期面临艰巨繁重的历史任务——社会主义和马克思主义是科学性与革命性的统一，是无产阶级和人民大众实现自身解放的必由之路，她要求我们务必在解放思想中捍卫真理，在开放交流、学习互鉴中丰富、发展“自我”，在旗帜鲜明、立场坚定的实际斗争中维护、发展和巩固马克思主义的主导地位。具体而言，作为中国特色社会主义伟大事业的有机组成部分，面对西方的战略攻势，意识形态战线务必始终保持清醒政治头脑，理直气壮、旗帜鲜明地做好各项防范化解、防守反击工作，打好防御战，同时还应密切观察斗争态势的发展变化，不失时机地利用各种可以利用的渠道、方式和手段，勇于和善于“走出去”，打好主动仗，努力化不利为有利，积小胜为大胜，以提振士气，鼓舞信心，推动整个战略战局由被动向主动、由防御向相持进而向反攻、由低潮向高潮的根本性转化。与此同时，还应看到，社会主义也好，马克思主义也好，都不是离开人类文明大道故步自封的“终极真理”，需要勇于和善于汲取人类文明创造的一切有益成果，不断丰富、完善和发展自身。这是理论之树永葆生机的内在要求，也是其指导下的中国特色社会

主义事业愈益发展壮大的内在要求。如何在开放交流、学习借鉴与警惕自卫、防范化解之间寻求协调统一，真正做到有“左”反“左”、有右反右，切实维护和巩固马克思主义在思想文化和意识形态领域的主导地位，切实维护和发展社会主义核心价值体系，本质上不是一个理论问题，而是一个实践问题，是一个需要在自觉服从和服务于中国特色社会主义伟大实践中不断总结、不断提高、不断实现的过程。如果不顾实践要求，不顾时间地点和条件的变化，一味地、单纯地强调、突出某一个方面，有意无意地忽视和削弱另一个方面，抑或不加权重、不分主次地把这两个方面等量齐观、同样着力，实际上都是对辩证法的背叛，对实际工作更是有害无益。

“凡事预则立，不预则废”。对我国意识形态工作的战略形势以及每一个时期的发展态势，予以科学动态、准确到位的分析把握，进而提出有针对性的应对方案和策略方针，是开展积极有效意识形态斗争、营造良好思想理论氛围、助推“四个全面”战略布局顺利实现的必要前提。

“四个全面”为进一步做好新形势下意识形态工作提供了基本遵循

怎样看待当前我国思想文化和意识形态领域的复杂多变的态势，如何进一步做好关乎民族前途、关乎国运兴衰、关乎执政党生死存亡的意识形态工作，首要和根本的在于必须把思想认识统一到“四个全面”战略布局上来。“全面建成小康社会、全面深化改革、全面依法治国、全面从严治党”的战略布局，是以习近平为总书记的新一届中央领导集体以马克思主义的宽广视野观察世界、审视自身得出的科学结论，集中而充分地体现出当代中国共产党人坚持和发展中国特色社会主义的道路自信、制度自信和理论自信，是我们做好当前和今后思想理论和意识形态战线各项工作的基本遵循和根本指针。

直观上看，“四个全面”没有“社会主义””马克思主义”或者“共产主义”的字眼，似乎在意识形态问题上不是那么旗帜鲜明，实际上这是一种似是而非的理解。“四个全面”单独就其中任何一个“全面”看，不论是“小康社会”“改革”“依法治国”还是“从严治党”，其政治保证和发展方向无一不是以坚持和发展中国特色社会主义制度、道路和理论为根本前提的。显然，“四个全面”的根本利益立场和价值取向只能是“社会主义”的，而不是任何其他什么“主义”。

习近平强调指出，“中国特色社会主义是社会主义，而不是其他什么主义”。在“一球两制”的时代背景下，像中国这样的东方大国坚持和发展社会主义道路，需要舍我其谁的历史担当，也需要进退有据、刚柔并济的斗争艺术。党的十八大以来，习近平总书记在内政外交国防、治党治国治军、改革发展稳定等全方位展现出的担当精神和领导艺术，即是对此最好的说明。一方面，对于“中国道路”“中国制度”“中国理论”这些已经实践证明为正确的东西，我们要理直气壮、一以贯之加以坚持和弘扬，不断加以理论上的总结提炼，加强正面灌输和引导，坚持打好主动仗、弘扬主旋律、传播正能量，这就从根本上筑牢夯实了全党全国人民团结奋斗的共同思想基础。同时必须清醒认识到，“树欲静而风不止”，冷战结束以后，以美国为首的西方霸权势力开始掉转枪口，把主攻目标对准依然坚持社会主义的中国，他们依托强大的军事力量和文化软实力，通过释放意识形态烟雾、设置话语陷阱、推行价值观输出等手段，极尽“西化”“分化”“弱化”“丑化”中国特色社会主义之能事，妄图使中国动摇、偏离乃至放弃社会主义道路、制度和理论。改革开放以来尤其是新世纪以来，在思想理论和意识形态领域，兜售、鼓吹西方价值观念和发展模式的所谓普世话语来势汹汹，无一不是冲着“中国特色社会主义”来的，无不具有强烈鲜明的政治指向。非止当前，放眼可以预见的未来，随着社会主义在中国不断取得新胜利以及中国国际影响力的日益增强，曾经如日中天、不可一世的西方霸权势力决不会轻言放弃主导地位，必然会抓住各种时机对我实施变本加厉、手法不断翻新的渗透和颠覆活动，“社会主义”与“资本主义”的竞争不仅不会消停，反而会更加显著和突出。这应是我们做好意识形态工作必须深刻认识和把握的基本态势。

坚持和发展中国特色社会主义是前无古人的崇高壮丽事业，道路固然曲折，但前途必然光明，实践中要将这一伟大事业顺利推向前进，我们应继续坚持“一个中心、两个基本点”的党的基本路线不动摇，自觉贯彻落实“四个全面”的战略布局，牢牢把握新形势下中国特色社会主义意识形态工作的根本利益立场和鲜明价值取向，以高度政治敏锐性和洞察力，明辨大是大非，对于一切旨在解构、诋毁、攻击乃至颠覆中国特色社会主义道路、制度和理论的错误观点，敢于亮剑、勇于发声，打好反击战；与此同时，对于人民群众中的模糊思想认识问题要讲究工作艺术，结合解决实际问题，加强正面引导，着力释疑解惑、凝聚共识，切忌混淆界限，简单从事。

（原载《先锋》2015 年第 5 期）

以人为本：中国城镇化的大道

城市化是一国工业化进程的必然产物，是发展中国家现代化追求的重要组成部分。新中国成立以来尤其是改革开放以来，我国城镇化进程明显加快，近年来城镇化率已经超过50%，按此速度，预计未来二三十年可达80%左右。这样的发展速度，创造了世界城镇化历史上的奇迹，但也带来广泛而深刻的震荡，产生了诸多社会问题，譬如城市对人的疏离、城市对传统和人文的冷漠、城市对环境和生态的挤压等。正视并解决好这些日益凸显的“城市病”，不能就事论事，而是要按照中央的部署，把“以人为本”的精神贯穿到城镇化进程中去，坚持走中国城镇化的大道。

中国城镇化要走自己的路

我国是在很短的时间内走完西方国家上百年才完成的工业化进程，与此几乎同步的是，工业化进程尚未完成，信息化社会已经来临。双重任务交织下的中国城镇化进程，面临更多的矛盾和困惑——刚刚绘就“世界城市”的蓝图，“智慧城市”已然呼之欲出；“金融中心”的竞标硝烟弥漫之际，“宜居城市”的追逐已经如火如荼。几十年来的中国城市似乎一直在追赶所谓“世界潮流”，这固然有其无奈之处，但谁又能否认在这一动力的驱使下，我们的城市除了规模日益庞大、房价居高不下、交通拥堵不堪、环境污染严重、公共服务滞后等弊端丛生，生活在城市里的相当一部分人并没有感到膨胀的城市带来多少便利与自由，反而是生活成本的不断攀升以及生活质量的潜在下滑。这些所谓“城市病”其实是当初我们努力规避的，到后来反而深陷其中。之所以出现这种困境，深层症结就在于我们城镇化的发展思路和目标设计存在浓郁的主观色彩，一定程度上脱离了中国现代化发展的实际，盲目追求速度、规模和档次，一味贪大求全。殊不知，城镇化本质上是一个自然历史过程，它是与市场化、工业化等相伴生的社会变迁。三十年高速经济发展客观上必然带来超高速度的城镇化进程，大量高校毕业生就业、农民工进城（包括数量可观的流动人口），用他们的汗水和智慧在建设这个城市的同时，他们本身已经成为这个成长中的城市的一部分。我们的城市设计者如果能充分考虑这个变量，因势利导，主动顺应这一当代中国特有的宏大的社会变迁过程，恐怕很多“城市病”都不会演化到今天这个地步。另外，对于“城镇化是否就是无止境地吸纳人口”“高楼大厦林立是否等同于城镇化”“城乡一体化是否就是对村庄的不断吞噬以及对农民的消灭”等等问题，我们从理论上似乎并没有搞清弄懂。归根到底，中国城镇化要摆脱当下诸多困境，进而向前推进，根本还是在于正视中国现代化的大势，深入研究和把握中国城镇化的客观规律，围绕解决现实中的诸多矛盾和问题，探索走出一条既具有本国风格又体现时代特色的中国之路。

重视解决城镇化进程中的民生问题

古人讲，“天听自我民听”。“正德、利用、厚生”是统治者应做好的三件事。中央强调推进新型城镇化，核心和灵魂在于更加注重维护、实现和发展人的各项权益，把满足人的各种现实需要、促进人的全面发展真正作为城镇化乃至现代化的根本目标，坚决拒绝那种目中无“人”的所谓“城镇化”。历史地看，城市的出现和发展，本质上是人的聚集，城市功能的运用和拓展，也是围绕着对人的有效管理而存在的。一幅《清明上河图》，生动描绘了我国北宋时期国际性大都市——东京汴梁的如梦繁华，集中展现了那个时期城市功能与市井生活之间的相对和谐。难怪包括一些西方人士在内的后人都愿意“活在中国宋朝”。千年一梦。如今，我国城镇化正在创造史上未有之奇迹，各类雨后春笋般涌现的城市，正吸纳和聚集空前规模的亿万人口，但由此带来的一系列民生问题日益凸显，已成为中国城镇化未来发展的“瓶颈”，亟待重视并破解之。城市居民的衣食住行等民生问题，不是城市之毛，而是城市之皮，重视并切实解决这些与每个民众息息相关的权益问题，不是城市发展的权宜之计，而是治本之策。中央推进新型城镇化的部署不可谓不好，决心不能说不大，新型城镇化作为中国现代化的重要动力，最终能够释放出多少正能量，很大程度上取决于各级执行者对于“城市”与“民生”这对看似矛盾关系的认识和处理。

深化改革是唯一出路

中国城镇化的高速推进，各地“造城”运动此起彼伏，背后推手是政府对于GDP的狂热追求，更深层原因在于错误政绩观的驱使。近年来所谓“鬼城”的出现，正是对这种GDP主义以及错误政绩观的莫大讽刺和否定。彻底破除城镇化的误区，出路在于以改革为动力，转变经济发展方式，使执政者从对“权”“钱”等抽象物的顶礼膜拜逐渐转变到关注包括自身在内的人的发展上来。全面深化改革，破除一切制约和阻碍新型城镇化发展的桎梏和枷锁，必须自觉树立以人为本的执政理念。人是目的，也是手段。城镇化发展当然需要大量劳动力和人才力量，但必须同时着眼于满足和实现这些人的现实需求，根据劳动者们的工作和生活状况，对城镇规划、产业布局以及相关制度和体制安排等作出相应调整，努力使城市建设与劳动者工作条件以及生活水平的提高相适应，而不是相反。近年来，我国城镇化存在一定程度的“伪城市化” “半城市化”现象，根本原因就在于地方施政者没有把劳动者的现实需求放在城镇化的应有位置。把以人为本的原则贯穿到新型城镇化过程中，要求我们各级施政者在设计和推进城市建设的时候，一定要眼睛向下，问计于民、问需于民，为此，迫切需要从行政区划、政府职能、管理理念、行政方式等方面深化改革，切实按照依法执政、科学执政、民主执政的原则，深化行政管理体制改革，大力建设现代服务性、效能型政府，为中国新型城镇化的进一步发展创造良好的体制和制度条件。

（原载《国家行政学院学报》2014 年第 3 期）

成长中的中国模式

近来，针对G20峰会以来中国的出色表现，在不乏溢美之词的国际舆论中，一种质疑中国模式合理性的声音也颇为引人关注。如前不久英国《每日电讯报》刊文认为，中国的银行在很大程度上避免陷入衍生工具泡沫的原因，主要在于它们还没有真正国际化。而另一种观点则认为，以华尔街金融危机的蔓延为标志，世界历史正式进入中国模式时代。这说明，对于依然处于成长中的中国模式，我们首先要摒弃那种单纯静观或一厢情愿的态度，坚持以辩证的眼光审视它，才有可能获得正确的认知。

中国模式既是对中国现代化建设实践经验的总结，也必将随着实践的发展而发展。作为对中国和平崛起这一具有世界历史意义的重大现象的表述，中国模式虽然初具形态，但是比较于西方发达国家数百年的强盛之路，中国走向崛起目前只是处于初始阶段。改革开放三十年的实践奠定了中国模式的初步框架，一些内容特别是体制和制度层面的要素，有待于在发展过程中得到进一步明晰和确定。当前学术界的一个较为普遍的看法是，尽管中国已成为世界第三大经济体，但经济高速增长背后的发展内涵仍显不足。新加坡国立大学东亚研究所所长郑永年在谈到中国模式的长处——保持混合经济之间的平衡、外向型经济与内向型经济的平衡、政府与市场的结合以及金融经济与实体经济平衡的同时，认为要有效应对日益蔓延的金融危机，必须着力搞好医疗保险、社会保障、教育和环保等方面的基本社会制度建设。事实上，世界大国兴衰的历史表明，一套成熟的社会运转体制以及基本社会制度的确立，不仅是综合国力的重要组成部分，也是大国崛起的重要标志。

中国模式既是对中国和平崛起现象的理论概括，也必将随着中国进一步发展壮大而作出应有的理论贡献。中国在改革开放和现代化建设上的成就，表现在物质层面，也表现在思想和精神层面。相对于强大的“硬实力”，中国的“软实力”有待进一步提升。有国外学者指出：“对在国际舞台上缺少软力量基础的中国来说，总结已有的经验很重要，既有利于中国自己的未来，也有利于在国际舞台上追求软力量。”从一元多线的世界现代化进程角度看，与美国模式、新加坡模式、瑞典模式、印度模式等相比较，中国模式在制度设计、发展理念、社会体制、价值观念等方面有鲜明的独创性。近年来有关中国经济、政治发展道路问题在思想理论界不断引发热议说明，对已有的中国发展经验，已到了迫切需要深入研究和系统总结的时候。2008年12月，在纪念党的十一届三中全会召开30周年理论研讨会上，中央领导同志在谈到“切实加强理论研究，不断深化对中国特色社会主义发展规律的认识”时，明确要求紧密联系干部群众的思想实际，深入回答“六个为什么”问题。“六个为什么”问题涵盖了指导思想、经济制度、政治制度、发展方向等重要方面，是关系党和国家事业发展的根本性问题。从理论上很好地回答这些问题，不仅会给改革发展实践提供强大的精神动力，也将给成长中的中国模式奠定坚实的理论基础。

中国模式既是中国与世界相互作用的产物，也必将随着中国与世界的深刻互动而得到提升。“中国奇迹”本身就是一种世界现象。中国要实现进一步发展，就必须更好地融入世界。金融危机以来，那种认为我国经济发展战略应完全转到依靠内需上来的看法，是没有认识到中国对于世界经济的深刻依存关系，是没有看到像中国这样的人口大国、资源小国，未来所能凭借的不是任何一种单向度的选择，而是在于如何协调发挥国际国内两种资源、两个市场的合力助推作用。从世界的角度看，面对中国和平崛起的客观趋势，发达国家即使再怎么宣扬“中国威胁论”，或者寄希望于G2战略等试图影响中国的走向，事实都将证明无济于事。现实的解决办法只能是，像这次G20峰会采取的有关举措一样，国际社会主动接纳中国，让中国获得与其实力和贡献相称的话语权及国际地位，使其遵循不断反映各国共同利益的国际规则行动。对中国来说，要很好地消除国际舆论中“中国威胁论”“新殖民主义”等诸多关于中国发展道路的误解和偏见，证明自己的发展带给世界的不是挑战而是机遇，则需要努力克服那种源于屈辱历史的悲情心理，更需要在经贸往来中全面贯彻市场经济规则。最近有国际舆论认为，如果中国成为G20峰会后的唯一大赢家，就很容易使人认为中国推行的不是“双赢”战略而是“零和”游戏。鉴于此，能否通过双边或多边经贸关系的改进以及国内经济发展方式的转变，有效消除这些显然不符合中国发展旨趣的舆论偏向，不仅关系到中国的未来之路，也直接影响到中国模式的最终定位。

中国模式既是以全球化背景下中华民族自立自强为特定历史条件，也必将随着中华民族伟大复兴的进程而呈现出更加鲜明的中国特色。中国模式深深植根于中华民族在中国共产党领导下追求独立、自由和强盛的奋斗实践，从而决定了中国所能选择的社会制度、文化样式以及价值取向等必然带有鲜明的中国特色。从“古”“今”“中”“西”的历史维度审视成长中的中国模式，可以看出，它既承继了近代以来中华民族历代仁人志士薪火相传的文化之脉，又开启了中国文化和民族精神的新时代。首先，只有民族的才是世界的。中国文化是世界上唯一没有中断的文化形态，其强大的生命力以及对于世界的独特贡献，通过中国模式已得到了充分体现。而伴随中华民族伟大复兴的历史脚步，中国文化的复兴又是可期可待的。其次，在全球化条件下，任何民族的发展不仅不可能脱离世界文明的大道，相反是以此为前提的。纵观近代以来中华民族自立于世界民族之林的曲折历程，只有充分借鉴和利用人类社会特别是西方发达国家创造的一切优秀文明成果，以我为主、为我所用，才能彻底摆脱落后挨打的被动局面，才能赢得别人的尊重。

（原载《社科新视野》2009 年第 4 期）

中国模式的传统文化动因

近年来，世人在持续关注中国模式的同时，也开始反思和研究造就这一模式的内在动因。作为一种社会历史现象，中国模式无疑是多种复杂因素和力量相互作用的产物。正像为马克斯•韦伯所揭示的新教伦理对于资本主义发展的助推作用一样，独具特色的中国模式的背后同样离不开文化和精神的支撑。用我国现代化理论研究的开拓者罗荣渠的话说就是“在这里，传统文化并不是完全被动的，它在新的历史条件下可能发挥出独特的适应力、内聚力与活力，形成一种东亚式的现代化动力”。

实践理性

中国历史上没有宗教传统，与基督教、佛教、伊斯兰教等比较，主张“未知生，焉知死”“未能事人，焉能事鬼”的传统儒学，更注重通过现世生活的满足赢得人生的幸福，从来不把所谓来世看作终极目标。这种偏于经验主义的实践理性，虽有其狭隘性和局限性，但在应对不断变化的客观环境上具有极强的灵活性和适应力。罗荣渠认为，儒教是世俗化的人生哲学，维护皇权秩序的政治学说，也包括规范化的生活方式信条等等，具有实践理性的内涵。也有学者认为，中国传统文化很重视人的生存技能。中国人没有超验理性，有的是实用理性，这种文化体现了以人的现世性为本，而与西方传统强调的“绝对”“超验”精神相对立。这种实践理性的精神体现在中国人的行为方式上，反映为一些突出的人文特征，诸如吃苦耐劳、勤俭节约、稳健务实、通权达变、邻里互助等等。最早提出“北京共识”概念的美国高盛公司顾问乔舒亚•库珀•雷默把中国模式定义为“艰苦努力、主动创新和大胆试验”，也从一个侧面揭示了中国文化的实践理性特质。这种实践理性精神不仅大量地表现在市井百姓的伦常日用中，在决策者那里也能得到深刻印证。改革开放以来为人们所熟悉的“摸着石头过河”以及“不管白猫黑猫，捉住老鼠才是好猫”，一定意义上就是中国文化实践理性的再现。

忧患意识

黑格尔把中国文化看作是早熟的文明形态，其突出表现是很早以前中国人就具备了辩证看待安与危、存与亡、治与乱、盈与亏的生存智慧。有学者指出，忧患意识指的是在特殊困境中形成的反抗逆境与勤劳奋进的社会意识。正是争取民族生存的强烈意识产生强大的民族适应力和内聚力，这构成二战以来包括中国在内的众多欠发达国家现代化启动以及实施赶超战略的重要精神支柱。中国共产党人继承并发扬了民族忧患意识，从毛泽东的“落后就要挨打”，到新的历史条件下江泽民、胡锦涛反复强调的居安思危、“两个务必”，忧患之情溢于言表。忧患意识内涵是谦虚谨慎而又努力向学的民族性格。鸦片战争以来，从“睁眼看世界的第一人”林则徐，直到改革开放总设计师邓小平，中国人一直在努力学习世界各国的先进之处，从来没有停止过。这种谦卑好学的特点一方面是民族性格的体现，同时也反映了走向国际舞台的中华民族特有的民族自信。

隐忍气度

中国文化讲究外圆内方、刚柔兼济。《易传》中有“天行健，君子以自强不息；地势坤，君子以厚德载物”的古训。在为人处事上，中国人既能忍辱负重、委曲求全，也能义无反顾、一往无前，既能顾全大局、体谅他人，也能忍无可忍、后发制人。所谓“置之死地而后生”，指的是中国人往往越是遇到难以想象的艰难困苦的时候，越是容易迸发出顽强的生命意识和攻坚克难的大无畏气概。西方学者Thomas Gold在《东亚新兴国对发展理论的挑战》一书中认为：“也许正因为这种绝望的环境，以及必须一切从头做起的迫切性，激发他们产生了在拉丁美洲或非洲国家所没有的努力，也使得东亚国家将其有限的资源作最佳的利用，而造就了成长和发展的‘奇迹’。”

天下情怀

注重修齐治平的儒家学说，主张生命个体的价值只有在群体社会里才能实现，这就形成了中国文化中家国一体、群体优先的社会伦理观。中国传统知识分子——“士”作为“道统”的担当者和文化传统的传承者，实际上发挥着社会道义和良知的角色，而“忧国忧民”“经世致用”则更是集中展现了古代士人一脉相承的人生追求。这种精神在近代以来中国寻求自立自强的历史进程中集中体现为民族主义运动和深沉的爱国主义。有西方学者在考察中国走向崛起的历史进程后认为，中国近代以来尽管灾难深重，可不仅没有因此沉沦和消亡，反而屡屡从困境中奋起，秘密大概就在于这个民族特别是其优秀分子始终没有放弃应有的道义担当。

民本政治

“民惟邦本”“为政以德”等民本思想是中国传统政治文化的重要内容，构成为古代政治传承的根本价值之维。近代以来，受西方坚船利炮的冲击，中国皇权政治结构虽已分崩离析，传统政治文化作为一个整体亦不复存在，但这种植根于数千年农耕文明和宗法社会基础之上的民本政治传统，却表现出顽强的生命力和历史惯性，甚至对当今时代中国共产党的治国理政方略产生潜移默化的影响。当然，“以民为本”和“以人为本”相比较，虽只有一字之差，内涵却有天壤之别，但谁又能否认今天的“以人为本”不是历史上“以民为本”传统的继承和弘扬呢？

平等追求

平等观念并不是现在才有，也不是为资本主义所独有，而是人类在漫长的历史过程中共同创造的文明成果，只不过表现形式和内涵有所不同罢了。在中国历史上，关于平等的思想由来已久，并且流派众多，譬如，墨子主张无差别的人类博爱，而孔子则强调爱有差等。历朝历代统治阶级为了保持国家的长治久安，必须想方设法把阶级阶层间的差别维持在一个合理的限度内，否则将引起激烈的阶级冲突乃至社会瓦解。现实中的社会主义，作为源于同时又高于资本主义的社会形态，作为对人类优秀文明成果的继承者，表现在“平等”上当然已经不再局限于传统的认识水平，而是建立在社会经济地位根本一致基础上的完全新型的平等观。社会主义和谐社会倡导并建立“公平正义”的社会，崛起中的中国主张国家不分大小强弱一律平等的国际交往观，固然体现了科学社会主义的基本原则，也反映了时代发展的根本要求，但也是对中国文化传统中平等追求这一价值理想的最好继承和弘扬。

重教传统

儒学宗师孔子倡导并身体力行“有教无类”，开中国平民教育的先河。汉代推行的“举贤良”以及隋唐时代实行的“科举制”，则是把儒家教育思想体制化和制度化。儒家文化圈历来重视对子嗣的教育和培养，所谓“子不教，父之过”，而“望子成龙”更是“天下父母心”。从中国乃至东亚地区现代化进程上看，与发达国家相比，自然资源相对匮乏而人力资源丰富，因此，重视和普及教育就成为后来居上的一个重要手段。有学者指出，东亚虽然在现代文化特别是科学技术方面落后于西方，但其文化传统中对于教育的一贯重视，对全面提高劳动者素质与在开放条件下引进西方先进科学技术起到了重大作用。

和谐理念

中道和谐是中国传统文化的鲜明特点。“和实生物，同则不继”，深刻反映了古代中国人唯物辩证的世界观。有人把中道和谐的伦理价值观看作是只适合前现代社会，其实，正如有的学者所论，在现代化阶段缺少工具理性价值的文化资源，被现代性视为无价值的东西，也可能具有超越的价值。例如，儒家文化中的人文价值与道德规范的丰富内涵，在现代化阶段丧失时效，却完全可能在超越现代化阶段推陈出新，恢复活力，为全球性多元化的社会整合作出重大贡献。实际上，不论是科学发展观，还是构建社会主义和谐社会理论，都既深刻继承了中道和谐的文化传统，同时又将其推上新的时代高度。

和平取向

中华文化本质上是和平的文化，“崇德尚武”是其基本内涵。纵览中国历朝历代的兴衰成败，汉唐之所以威仪八面、四方来朝，根本上在于其统治阶层长期致力于内修外治、文治武功，而像宋王朝虽有富甲天下的财力、空前繁荣的文化，但由于长期武功废弛，最终还是无力抵御北方游牧民族的侵袭。秉承这一文化底蕴的中国和平发展道路，过去、现在和将来都不会称霸，它所开辟的必将是一条不同于以往的完全新型的大国崛起之路。当前，针对种种关于中国发展道路的误解、质疑和非议，迫切需要通过比较研究，全面、准确地总结和提炼出中国发展道路的文化内涵，向世界展现中国模式所蕴含的价值取向，使越来越多的世人认识到：中国模式不仅是崇尚王道的五千年华夏文化传统的历史延续，也是坚持以开放胸襟面向世界、走向未来、实现现代化的社会主义中国的必然选择。

中国文化博大精深，良莠并存，当然不能简单视之，但中国模式的成功发展历程似乎也雄辩地说明，文化是一个相对独立的存在，中国传统文化并没有因为宗法社会政治结构的解体而彻底消亡，其中有些内容伴随制度和环境的变迁而再次焕发生机和活力；文化传统是一个不断生长的有机体，激进主义态度有失公允，保守主义倾向亦不足取，唯有面向当下实践，批判继承，综合创新，才能使得传统与现代、民族与世界有机结合、良性互动。

（原载《创造》2009 年第 7 期）

国外有关中国发展道路的若干看法评析

进入新世纪以来，尤其是华尔街金融危机爆发以来，随着世界经济形势在低谷徘徊以及中国的优异表现，世界上越来越多的人对中国的态度在向理性和现实主义回归，“和平发展论”日益成为当今国际舆论的主流话语。但同时还应看到，伴随中国改革开放的历史进程，种种关于中国发展道路的倾向性议论不仅没有停息，并且总是跟随形势的发展有新的表现。

“威胁论”

即认为中国崛起带给世界的是挑战而非机遇。主要表现在六个层面，即经济威胁论——不断发展的中国与西方大国争夺有限的资源和市场，军事威胁论——经济实力的强大必将催生令人生畏的军事力量、文化威胁论——自成一体的中国文化的复兴是对西方文化的严重冲击、地缘政治威胁论——强盛的中国对近邻是一种有形无形的威压、政治体制威胁论——共产党政权与西方主流世界的自由民主政体格格不入、科技威胁论——中国致力于科技创新特别是在网络技术上的进步是对西方科技霸主地位的挑战。近年来，此种论调虽有减弱，但仍不时出现，譬如美国2009年《国家情报战略报告》渲染中国军事威胁论，将中国列为挑战美利益的国家，美国国家情报高官还妄称中国在网络领域极具攻击性；针对中国国外投资贸易合作范围的不断扩大，西方舆论将其视作“东方殖民主义”；把中国在外设立孔子学院的正常文化交流行为渲染为文化扩张战略等等。形形色色的“中国威胁论”，客观上都在恶化中国的国际环境，制约中国的进一步发展。

“崩溃论”

即认为中国经济的增长是以不断拉大的贫富差距、日益严重的环境污染和官员腐败为代价的，因而是不可持续的。除了早些时候的《谁来养活中国》一书外，2002年1月，美国《中国经济》季刊主编斯塔德维尔在《中国梦》一书中把中国经济比喻为“一座建立在沙滩上的大厦”，他预言中国将出现大规模的政治和经济危机。最极端的是美籍华裔律师章家敦2001年7月出版的《中国即将崩溃》一书，认为“中国四大国有银行的坏账已经高到不能维持的地步”，“与其说21世纪是中国的世纪，还不如说中国正在崩溃”。他断言，“中国现行的政治和经济制度最多只能维持五年”。显然，如同宣告历史已经终结一样轻率，在事实面前，这些带有强烈冷战思维的论调不攻自破。

“背离论”

即认为中国在意识形态上脱离马克思主义、在社会制度上脱离社会主义、在对外关系中背离第三世界。“中国背离论”并没有明确的出处和最初的提出者，而是各种零散评论的一种综合概括。总体而言，“中国背离论”对中国改革开放和社会经济发展模式与政策转型持某种怀疑和批评的观点，它来自于传统的马克思主义和新马克思主义，也来自于某些第三世界国家。这种怀疑和评判的观点认为，随着改革开放的不断深入，中国在原有的马克思主义、社会主义道路上渐行渐远，并且也与第三世界国家相背离。事实上，在对中国改革开放的各种评价中，负面声音不仅来自于西方国家，也来自于非西方国家。“中国背离论”就是其中的典型观点。对于这种评价，我们的确需要予以澄清，因为中国实行改革开放是真正坚持马克思主义和社会主义，是从更根本、更长远的角度造福人类，有益于广大第三世界。

“神话论”

即认为所谓“中国奇迹”不过是一个媒体渲染出来的神话。代表性言论当推高盛（亚洲）董事总经理胡祖六出版于2002年5月的《关于中国与世界的五大神话》，他在该报告中说：“中国的经济增长并非前所未有，以亚太地区的标准而言也不见得特别突出。”在1970—2000年间，中国贸易占世界贸易的比例由1%上升到4%，而GDP的比例从2%增至3.5%，但是，日本和亚洲其他有关国家，在30年的高增长期中，对应的贸易比例都由2%升到8%左右，而日本的GDP更是由2%升至10%。还有论者通过考察新兴国家的崛起之路后认为，中国并未打破正常的经济增长方式——廉价的劳动力、适当的经济政策、良好的外部环境、稳定的国内形势以及追求财富的国民心态等等——中国创造奇迹的方式，在日本和东南亚诸国也同样创造了奇迹，在更早的荷兰、英国与美国似乎皆是如此。把近代以来世界各国走向现代化道路看作是遵循同一模式，尤其对于中国这样一个具有深厚历史积淀和13亿人口的大国，在走向现代化过程中所展现出来的创造性和独特性，缺乏应有的认识，无疑是对一元多线历史发展观的否定。

“责任论”

即认为中国作为西方大国的利益攸关方，必须承担和发挥相应的责任。2005年9月21日，美国前副国务卿、现任世界银行行长罗伯特•佐利克在中美关系全国委员会作了题为《中国向何处去——从正式成员到承担责任》的演讲，明确提出了“负责任的利益攸关者”的论断。2007年3月5日，哈佛大学著名经济学史教授丹尼•弗格森在《洛杉矶时报》上发表《买下中美国》的文章，首次提出“中美国”（Chimerica）的概念。2008年夏季出版的《外交》杂志发表美国彼得森国际经济研究所所长弗雷德•伯格斯滕的《平等的伙伴关系》一文，首次提出“G2”概念。这些概念提出后反响强烈，原因之一在于它们的确在一定程度上反映了中美两大经济体之间的依存关系，但同时也应看到在其背后隐含的美国对华战略的转变。

“替代论”

即认为随着以“华盛顿共识”为主导的西方自由民主模式的式微，注重独立、创新和渐进改革的中国发展道路将成为新的普世话语。代表性观点是“北京共识”。“北京共识”是美国高盛公司高级顾问乔舒亚•库珀•雷默2004年5月在伦敦外交政策中心网站发表的题为《北京共识》一文率先提出的。雷默认为中国的经济发展模式不仅适合中国，也是追求经济增长和改善人民生活的发展中国家效仿的榜样，“北京共识”将取代人们已广泛不信任的“华盛顿共识”。客观地看，尽管“北京共识”的提出反映了国际社会对于中国成功经验和发展道路的高度认可，但至于说“北京共识”将取代“华盛顿共识”，则既不是我们的初衷，也不应是追求的目标。

“阶段论”

即认为中国模式具有“转轨国家”的普遍特点，随着中国进一步融入国际主流世界，所谓的中国模式也就消亡了。有国际舆论针对中国汶川抗震救灾、北京奥运会的成功举办以及金融危机中一枝独秀的表现认为，这并非中国现行社会制度优越于西方的充分依据，而是说明沿袭于计划体制的政治运作方式，本质上是一种应对危机环境的模式，长期看，中国具有的“制度优势”很可能是一种劣势。还有外国舆论认为，从世界范围看，中国的发展成绩惊人，但问题也不少，与发达国家比较，中国只是处于不同的发展阶段而已。不难看出，“阶段论”的实质是把“现代化”看作“西方化”，把全球化和世界历史的发展看作均质运动，而非不同历史主体的多元互动，这显然是有违事实的。

“失衡论”

即认为中国的发展表现为出口导向与内部需求、经济增长与环境保护等一系列的失衡关系，中国模式的可持续性值得怀疑。2009年初，前国际货币基金组织首席经济学家肯尼思•罗戈夫在法国《回声报》发表题为《中国能否避免危机？》一文认为：“在全球衰退开始之前，中国经济增长模式的持续性已经受到怀疑。环境的破坏是显而易见的。还有经济学家估算过，如果中国经济持续如此高速的增长，那中国经济占世界经济的比重将扩大到无法维持中国现有水平的程度。”“更好的办法是，设法通过内需来弥补美国需求的下降，但中国的经济体制似乎无法快速实现这种转向。”毋庸置疑，我国在高速发展过程中的确存在一些亟待解决的不平衡关系问题，但若据此否认中国发展的总体平衡性和可持续性，显然是有失公允。

“对立论”

即认为中国发展道路与西方发展模式在根本上是对立的。有学者在总结和论证中国发展道路的成功之道时，为了说明中国特色社会主义体制、制度的合理性和优越性，往往把当今某些西方国家的社会制度和政治体制说得一无是处。更有甚者，对于美国经济衰退可能给中国经济带来的影响，有观点认为中国经济将在不受其影响的情况下继续保持增长态势，即所谓“脱钩论”。事实上，如果不是广泛学习和借鉴人类文明特别是发达资本主义国家创造的一切优秀文明成果，当初的中国没有必要实行对外开放，更不会有今日中国的巨大成就和中国发展道路的形成。因此，主张“脱钩”“例外”“特殊”等“对立论”的观点难以服众。

“领导论”

即认为国力日盛的中国应确立新的国际观，勇敢肩负起领导世界的责任。有国外学者认为，“在实际行为层面，中国实行的是‘跟着走’或者‘随大流’的政策，因此一直处于一种被动的状态”，要改变这种状况，“中国可以从从前的大国崛起过程中学到很多经验。以美国为例，美国在第一次世界大战期间开始放弃从前的孤立主义路线，参与到国际事务中来。但如果当时没有总统威尔逊的国际观，美国很难很快在国际事务中扮演一个领导角色”。金融危机以来，随着美国经济领导力和道德影响力的急剧下降，有人主张国际社会不能没有“领导”，而纵观当今世界，除了坐拥2万亿美元外汇储备、依然保持强劲经济增长势头并且乐于承担国际责任的中国，再也找不到第二个国家了，因此，中国应乘势而上，实现国际政治经济领导权的变革。应该说，这种声音在一定程度上反映了当今世界对于日益强大的中国应该发挥的国际作用的期望，但是我们还应注意区分合理的责任与国际事务领导权之间的不同。

（原载《学习时报》2009 年 11 月 11 日）

国际上有关中国发展现状的舆论动向

受金融危机影响，世界发达经济体尚在低谷徘徊之际，中国经济发展势头依然强劲，2010年8月16日，据日本政府公布的数据，日本第二季度GDP仅环比增长0.1%，为1.288万亿美元，而中国第二季度GDP则报1.337万亿美元，已经超过日本，成为仅次于美国的世界第二大经济体。一时间，“中国经济登临巅峰看似势不可挡”“美国还能挡住巨龙多久？”等标题赫然占据海外媒体版面，中国发展现状及其未来走势再次成为国际舆论关注的焦点。继“责任论”“G2论”等著名论调后，综合近来海外舆论，有关中国角色定位的最新观点主要可以归纳为这样几个方面。

“发达国家论”

即认为经过30多年的高速经济增长，作为世界出口第一、工业第二、第一大汽车市场、第一大外汇储备国以及拥有世界十大股市中四个最大股值，并且在煤炭、钢材、铝合金、水泥、化肥等方面排名第一的中国，不能再用发展中国家来定位它了，以一个发达国家的眼光来看待它也许更合乎事实。

对于中国的经济规模以及应该承担的国际责任，多年前就是国际舆论关注和讨论的一大话题。金融危机以来，关于中国走势的预测，更多第表现为何时超过美国的问题。高盛首席经济学家奥尼尔表示，全球危机意味着中国和其他新兴市场国家将以更快的速度赶超发达经济体，“我们现在预测，到2027年中国将挑战美国的头号经济大国地位。”“这比我们原先的估计提前了10年左右。”野村证券预测中国的国内生产总值将在10年后不久超过美国。经济学家罗伯特•福格尔预言到2050年，中国经济将在世界各国国内生产总值中占40%，而美国经济所占比例将缩减至微不足道的14%。与此相应，也有舆论把中国说成是全球温室气体排放第一大国，为此应在减排上承担与其相应的责任。目前，WTO、联合国、欧盟等世界上各主要国际组织都没有把中国列为“发展中国家”。

有关中国经济指标的个别统计数字看起来的确有些惊艳，然而更多的数据、更明显的事实表明，中国与发达国家的差距不是一星半点——中国目前还有1.5亿人达不到联合国一天一美元收入的标准，还有4000多万人没有脱贫，中国现在是并且在可以预见的相当长时期内都将是发展中国家。无论如何，“发达国家”的标签是不适合当代中国的。尽管中国在短短几十年间发展成为世界主要经济体之一，伴随综合国力的日见强盛，理应为世界和平和人类共同发展作出更大的贡献，但如果用二三十年后的眼光来看待今天的中国，并要求中国承担发达国家的责任，显然过于超前。

“中国时代论”

即认为随着中国国力日增，世界影响力的扩大，带来的将是对世界格局深刻而重大的改变，过去数百年由西方国家主导的旧时代将成为历史，随之而来的将是世界必须学会适应中国的新时代。

2010年8月20日，澳大利亚人报网站刊载瑞士商学院国际政治经济学教授让•皮埃尔•莱曼的文章《当我们进入中国时代，一切都不确定》提出，“中国经济也有脆弱性，但是有一点可以肯定：19世纪属于欧洲，20世纪属于美国，现在，世界似乎进入了可能被大家认知的中国时代”。伦敦政治经济学院教授马丁•雅克则在2010年1月出版的《当中国统治世界：中国的崛起和西方世界的衰落》中文版一书中写道：“两个多世纪以来，占据统治地位的制度、思想、价值、规范等都是和西方世界联系在一起的——开始是欧洲，后来是美国。西方的衰落意味着它越来越没有能力，也无法以它以前的方式去塑造这个世界。出于同样的原因，中国的崛起将意味着她的历史、文化、语言、价值、机制和企业将会影响全世界。如果说自1978年以来，世界带给中国的改变要大大多于中国带给世界的改变，那么这种进程将很快发生逆转——中国带给世界的改变将远远多于世界带给中国的改变。”法国《世界报》日前发表题为《中国没有觉醒而是苏醒》的文章认为：“21世纪是亚洲的世纪，是中国的世纪，中国经济让世界吃惊的高速发展，只是继续历史上曾经有过的在世界经济领先的道路而已。”总之，西方的历史时刻正在悄悄退去，历史的“接力棒”正传向东方——尤其是中国。

“中国时代论”的提出，反映了当今世界对于中国崛起带来的冲击和改变的强烈感受，也反映了随着经济全球化的深入发展，世界日趋多极化的客观趋势。但是，平心而论，我们应该看到，一方面，中国的改革开放和现代化建设是在既有的国际秩序中展开的，这一秩序的产生是近代以来特别是二战以后国际政治经济格局演进的结果，绝不是短时间内可以根本改变的，另一方面，走向强盛的中国的确已经深刻地改变了世界，而且这种改变还在继续，但是，就目前中国与世界的互动关系看，外部世界尤其是以美国为首的西方发达国家依然保持着强势影响力和作用力。由此而言，“中国时代论”者也许感喟于中国蒸蒸日上的发展大势，但是断言世界进入了中国主导的新时代，就有些一厢情愿了。

“国家资本主义论”

即认为所谓中国奇迹是以强有力的政府控制和近乎无所不能的国有经济为前提的，这种政府控制式的国家资本主义是全球市场经济的最大威胁，并将最终被自由市场经济击败。

纽约政经风险咨询公司欧亚集团创始人伊恩•布雷默认为，现在世界上有一个自由市场模式，还有一个国有资本模式，中国就是国有资本模式的代表。在此轮金融危机中，美国的消费能力下降、中国的能力上升，再加上中国政府的过分自信以及中国模式的不同，造就了中国国家资本主义的兴起。卡内基国际和平基金会高级研究员Michael Pettis认为，中国国家资本主义的发展特征主要体现在国有企业在经济中的主导性发展。2003年后中共领导人的政策选择与中共执政合法性的需求，共同促使了以国有企业高速发展为代表的中国“国家资本主义”的发展。他还预测说，在2012年之前，中国将延续以国有企业为主导的国家资本主义发展模式。以研究“中国式资本主义”闻名的美国麻省理工学院教授黄亚生认为：“2009年，政府在企业部门中的影响急剧扩大。他们除了涉足房地产外，现在连酸奶也生产。一些上游的国有企业现在正朝下游扩张，试图组织自己的垂直体系。（与过去相比）他们现在不过是以更大的规模运营。”伊恩•布雷默在2010年5月出版的新书《自由市场的终结：谁将在政府与企业的战争中胜出》中提出：“国家资本主义政府既当裁判员又当运动员。中国是典型的国家资本主义。对于自由市场模式之下的跨国公司来说，这意味着世界已经到了一个转折点。”

“国家资本主义论”的提出，反映了后危机时代海外舆论观察和把握中国发展形势的一个新动向，是继“儒家资本主义”“中国特色资本主义”等定位之后的新概括。这种观点无视中国特色社会主义道路的实质，把独特的中国发展道路先验地放进资本主义范式中加以审视，自认为洞悉了中国奇迹的全部奥妙，实际上并没有逃脱西方中心主义和历史终结论的窠臼——骨子里仍然把自由市场资本主义看作是现代化的唯一模式，凡是那些与此不同的发展道路，都被视作另类或异端，因而都是对“自由世界”的威胁。“国家资本主义论”者从创造中国奇迹的若干表面现象和局部特征入手，抓住一点不及其余，只见树木不见森林，其方法是主观的，其结论是武断的。

“日本第二论”

即认为改革开放以来长达30余年的高速经济增长的确创造了震惊世界的“中国奇迹”，目前中国经济总量已经是亚洲第一、世界第二，但是人们完全没有必要为此大惊小怪，种种迹象表明，今天的中国就像另一个日本一样，建立在出口依赖和固定资产投资基础上的经济增长之后必将是长期的停滞和衰退，中国很可能重蹈日本的覆辙。

美国查普曼大学研究员乔尔•科特金在刊发于福布斯网站的一篇题为《中国综合征》的文章中认为，就像过去的日本一样，“中国很难超越美国并且可能遭遇较大逆境”，“美国人确实应当担心地位下降的可能性，但是认为中国必将成为世界霸主的成见——就像20年前对日本霸权的恐慌一样——实际上可能被严重夸大了。通常，一国经济飞速发展不会持续很久，而经济高速增长只是许多预测的出发点。最终，成本上升，国内压力加大，固有的局限性将制约经济增长，甚至引起经济逆转”。约翰•梅金等有影响的美国经济学家纷纷猜测，中国很快要忍受自己“失去的十年”，理由是中国会出现一个日本式的经济低迷期。

“日本第二论”固然并非毫无客观依据，也不是空穴来风，它在一定程度上道出了中国成长道路上应该注意的一些问题，但是它把基本国情以及现代化道路根本不同的中国与日本作简单类比，得出今天的中国就是昨天的日本的结论，多少有些危言耸听。从解决自身问题着眼，我们不妨把这种言论看作是一种提醒。

“中国不确定论”

即在越来越多的人把中国经济崛起视为一个确定事实的同时，有些人总是怀疑中国的发展模式是否可持续，对于强大的中国可能带给现有世界体系的冲击及挑战深表忧虑。

2010年8月6日，英国专栏作家伊恩•米尔斯在《世界政治评论》发表文章认为：“中国的必然崛起越来越成为一种主流立场。不过，一系列的文化、政治和经济因素将成为中国前进道路上的重大障碍。”南亚某国一个领导人曾公开表示：“中国人现在有一种新的自信，很难预料这将把他们引向哪个方向，因此我们必须有所准备。”怎样消除这种不确定性呢？普林斯顿大学历史和国际关系学教授哈罗德•詹姆斯认为：“中国领导人所面对的真正挑战，其实是要提出一套条理分明清晰易懂的世界观，以消除周边国家和地区的疑虑。”

在西方世界，尤其是在美国，“中国不确定论”已经流行了相当长的一段时间。早些时候，西方世界接纳中国进入其主导的世界经济体系，认为只要中国进入了这个体系，中国的行为就会改变，但现在他们感到，中国这样一个大国的行为是很难根据西方的期望而得到改变的，同时他们对这个体系能否有效地制衡中国也感到不确定。在政治和战略上，西方的“中国不确定性”更严重。在政治上，西方原本期望随着中国经济市场化和加入世界经济体系，中国政治制度也会随之变化，但这种情况显然并没有在中国出现。令西方感觉最不确定的是中国经济崛起的战略后果。在历史上，一个崛起中的大国往往会挑战既存世界权力格局，因为崛起中的大国往往会把其经济力量通过军事现代化转化成为军事力量。

从中国的角度看，对于习惯于用既有思维和眼光审视世界的一些西方人士而言，中国现代化进程不仅仅是充满不确定性的问题，要害在于它从根本上质疑乃至否定了西方现有一切有关发展的理论范式，这不能不让一些国际人士大跌眼镜。事实上，不管中国发展过程中面临多少问题和矛盾，中国在发展方向和发展道路这些重大问题上始终是坚定而明确的。那就是，不管国际风云如何变幻，只要不发生世界大战，中国致力于改革开放和社会主义现代化建设的发展信念不会动摇，坚持走科学发展、和谐发展以及和平发展的中国特色社会主义道路不会改变。

（原载《学习时报》2010 年 10 月 6 日）

有关“中国模式”研究观点综述

近年来，关于“中国模式”的讨论受到了海内外舆论界和学术界的格外关注。2008年是中国改革开放30周年，学术界围绕“中国模式”的历史背景、主要内涵以及发展趋势和未来影响等话题进一步发表意见。现将有关观点整理如下。

关于“中国模式”近年来特别受到关注的原因

实际上，早在20世纪六七十年代开始，国外学者已经开始关注中国发展道路问题，这其中包含了对“中国模式”的初步探讨。美国普林斯顿大学社会学教授吉尔伯特•罗兹曼在20世纪70年代末编著的《中国的现代化》一书中，就集中分析、探讨了中国现代化进程中的有利因素及障碍。以色列学者艾森斯塔德则在《现代化：抗拒与变迁》《对多重样现代性的反思：欧洲的、中国的和其它的诠释》等著作中，从传统社会文化的秩序特征以及中国社会变迁两个方面分析了中国发展的路向。

关于近年来海内外舆论对“中国模式”或中国发展道路特别关注的原因，学者们的观点主要有以下几点：

一是苏东剧变后，西方国家对中国发展战略和发展模式的重新审视。苏东剧变后，西方国家对中国的发展态势先后抛出“中国威胁论”

和“中国崩溃论”。关于“中国威胁论”方面的论点以20世纪90年代美国的伯恩斯坦和芒罗撰写的《即将到来的美中冲突》为代表。“中国崩溃论”始于1984年美国世界经济研究所的布朗提出的“谁来养活中国？”一说，继而引起全球性的争论。自2001年以来，针对中国经济的新的论调又在国外盛行，如诺贝尔经济学奖得主、有“国际经济乌鸦”之称的克鲁格曼教授提出疑问说，中国这个亚洲奇迹中的最大奇迹，是否会成为下一个崩塌的神话。美籍华裔律师章家敦（Gordon G.Chang）则提出，“与其说21世纪是中国的世纪，还不如说中国正在崩溃”。而中国历经1997年亚洲金融危机和2008年的经济危机还能保持比较稳定和快速发展使得这些言论不攻自破，也使得他们不得不重新审视中国的发展战略和发展模式，乃至于美国和欧洲最近对金融市场的干预都被认为是在学习中国。

二是中国共产党领导下的人民政府在应对汶川特大震灾和举办北京奥运会上展现出的“举国体制”，让全球对中国政治体制刮目相看。长期以来，针对中国改革开放取得的显著成就，国际舆论界一种有代表性的声音认为，中国经济奇迹的背后是陈旧落后的政治体制，一党执政的格局不改变，市场经济的发展就没有保障。然而，面对无论是“神舟”系列航天飞船的太空空间活动，还是2008年成功应对雨雪冰冻灾害和四川特大地震灾害，显示出的中国“举国体制”所具有的巨大威力，国际上怀疑、批评乃至否定中国政治体制和社会制度的声音明显减少，取而代之的是对中国政治体制和社会管理体制的肯定和赞扬。有学者认为，作为一个尚存许多问题的发展中国家，能够给世界留下如此众多和非同凡响的奥运遗产，光用经济发展和国力的增长还不足以完全解释，而“举国体制”无疑是这一切奇迹中的关键。还有学者认为，举全国之力，集中优势资源，聚焦特定的工程、项目、事件，往往可以形成跨越性、突破性、高效率的发展，同时还能够形成带动效应，提升整体的经济社会发展水平。正像国际奥委会主席罗格所说，在这次奥运会中，单单是出动这么多的人力就没有其他国家能够企及。中国有13亿人口，这样的资源是世界上其他国家所无法比拟的。还有，中国作为一个经济大国在财力方面的投入也是其他国家没有办法达到的。

三是以“华盛顿共识”为主要内容的新自由主义造成重灾区和“中国奇迹”的出现所形成的鲜明对比，使得人们更加关注“中国模式”。“华盛顿共识”主张私有化、自由化的经济发展道路，结果在东欧、拉美和亚洲造成了三个重灾区。特别是随着这次华尔街金融风暴肆虐全球，人们在深刻反思资本主义固有矛盾的同时，不由得把目光纷纷投向蓬勃发展的社会主义中国。事实上，中国30年的改革开放创造了“中国奇迹”。据世界银行统计，过去25年来全球脱贫所取得的成就中，约67%的成就应归功于中国。中国的发展，不仅使中国人民稳定地走上了富裕安康的广阔道路，而且为世界经济发展和人类文明进步作出了重大贡献。正反两方面的比较使得国际社会不得不进行冷静反思，开始认真探究中国发展战略和发展模式所包含的丰富意蕴。

关于“中国模式”蕴含的主要内容

30年的改革开放，不仅大大改善了中国人民的生活水平，也极快地提升了中国的经济实力。不少第三世界国家特别是非洲国家认为，中国经济发展的模式，很值得他们借鉴。中国模式已成为发展中国家参考的、可供选择的模式之一。那么，在外界看来，中国发展模式有哪些成功之处呢？

其一，中国经济飞速发展是“中国模式”最突出和最令人赞叹的地方。有学者认为，世界上许多大的发展中国家，没有一个比得上中国如此大的经济成就。改革开放30年间，中国经济的增长速度和国民收入增长速度，远远超过了世界的平均速度。中国过去30年内在减少贫穷人口方面成绩显著，远远超过印度和越南。据世界银行的数据，中国的贫穷人口，从改革初1981年的65%大幅减少到2001年的18%左右，其下降幅度是世界少见的。中国各级政府在推动经济开放、吸引外资、扩大出口、招商引资方面，成绩显著。中国在1980年建立头四个经济特区，在1992年接受市场经济，在2001年加入世界贸易组织，在迈向市场经济和经济全球化方面，步子大，也有相应的防范措施，是发展中国家中做得最出色的。

其二，中国改革开30年的成功经验在于采取了以比较优势为中心的综合发展战略。这一战略的主要内容有：其一，在处理改革、发展和稳定三者的关系方面，中国找到了平衡点，即在坚持稳定的前提下大力推动改革开放和经济发展；其二，中国现代化进程的指导方针非常务实，即集中精力满足人民最迫切的需求，首先就是消除贫困，并在这个领域取得了显著的成绩；其三，不断地试验、总结和吸取自己和别人的经验教训，不断进行大胆而又谨慎的制度创新；其四，确立了先易后难的优先顺序，先农村改革后城市改革，先沿海后内地。

其三，中国改革采取了积极稳妥的步骤，避免走极端。首先，中国的改革就其本质而言是一场革命，因为它从根本上改变了国家经济体制的主要特征，从计划经济转向市场经济。其次，中国的改革就其过程而言是渐进变化的，这种并不惊天动地的平稳变化累积的效果，深刻地改变了计划经济。有学者认为，中国领导人不赞成激进的政治民主化，只支持渐进的政治试验和温和改革。中国的这一做法，引起外界诸多争议，但中国保持了政治稳定，保证了投资者的信心。

其四，“中国模式”既不同于苏联模式，也不同于西方发达国家的社会发展模式，而是有着自身鲜明的制度特色：中国不实行全面私有化，而实行以公有经济为主导的混合所有制；虽然也引入了市场经济制度，但政府调节和干预的程度比西方国家要强大得多；中国没有推行多党制和议会政治，不搞立法、行政、司法的“三权分立”；中国虽然允许不同思想流派的存在，但始终坚持马克思主义在意识形态领域中的主导地位。

其五，中国特色社会主义道路是“中国模式”的实质内容，它是与时代潮流相随、与世界文明相伴的道路，是一条与全球发展既相联系而又独立自主的发展道路。不少学者认为，“中国模式”的实质是中国在经济全球化背景下为实现社会现代化所作出的一系列自主选择的集中体现。改革开放以来，在解放思想、实事求是思想路线指引下，中国立足于解决实际问题，坚持走自己的路，把马克思主义普遍真理与中国具体实际相结合，以理论创新推进实践创新，结出了中国特色社会主义理论体系的卓越理论成果，同时在其指导下开辟了中国特色社会主义伟大道路。如果说“中国模式”有什么成功之处的话，对此最精辟的概括就是中国共产党第十七次全国代表大会政治报告中提到的一面旗帜、一条道路、一个体系——高举中国特色社会主义的旗帜、坚持走中国特色社会主义的道路、确立中国特色社会主义的理论体系。

上述学者对中国的发展战略和发展模式进行的总结，各有侧重。总的来讲，“中国模式”的内涵还需要在实践中继续完善和补充，相应地，人们对“中国模式”的研究有待于进一步深入。

关于“中国模式”的发展趋势及未来影响

其一，“中国模式”导致的中国崛起，是一个具有世界历史意义的重大事件，它深刻改变了国际政治格局，甚至在某种程度上改变着世界历史进程。有学者认为，中国改革开放的伟大成就和成功经验，是在落后国家如何建设社会主义、如何实现现代化的经验。它不仅是中国巨大的精神财富和宝贵的文化遗产，也是人类社会的共同精神财富和文化遗产，是对人类社会的重要贡献，必将对在探索中前进的其他国家产生积极的影响。

有学者认为，“中国模式”的相对成功，为中国赢得了宝贵的话语权。中国崛起带来的可能是一种全新的思维、一种深层次的范式变化（paradigm shift）、一种西方现存理论和话语还无法解释的新认知。

有学者认为，对于中国说来，“华盛顿共识”与“北京共识”这两种模式的较量意义重大，因为这既关系到经济利益又关系到政治利益。如在非洲大陆，“中国模式”就有着相当大的吸引力。如果北京成功地让国际社会接受“北京共识”的话，北京就可以使得世界重新意识形态化，质疑西方规范的普世性。

其二，国内外学者对“中国模式”有期待、有信心。俄罗斯科学院院士季塔连科在2004年曾撰文论述中国现代化进程及其发展模式的国际意义。她认为，中国实现现代化、成功解决深刻的国内和国际矛盾的经验，不仅为发展中国家树立了鲜活的榜样、提供了切实可行的现代化模式，更为它们发展与中国的合作提供了广阔的平台。

印度学者在比较中印发展模式时，认为中国发展模式所取得的成果远远高于印度发展模式。中国选择了社会主义的发展模式，而印度选择了资本主义的发展道路。在减少贫困、财富分配、人均寿命、识字率和电话普及率等方面，中国的表现都远远好于印度。

历史学家汤因比在中国改革开放伊始就对中国的发展充满了信心，他说："西方观察者不应低估这样一种可能性：中国有可能自觉地把西方更灵活也更激烈的火力与自身保守的、稳定的传统文化融为一炉"。"如果中国能够在社会和经济的战略选择方面开辟出一条新路，那么它也会证明自己有能力给全世界提供中国和世界都需要的礼物。这个礼物应该是现代西方的活力和传统中国的稳定二者恰当的结合体。"

华尔街金融危机暴露出经济全球化的深刻弊端，但经济全球化的进程不会也不应因此而中断。事实上，只有全球的多样性的相互交流才能催生世界的和谐。"中国模式"是经济全球化背景下一种积极回应和参与全球发展的社会发展模式，是坚持社会主义、强调民族特色、同时又倡导不同社会制度和意识形态"共处竞争、对话合作"的社会发展模式。"中国模式"的出现，丰富和发展了世界发展模式，为全球的发展注入了强劲、健康、鲜活的因素，必将为人类文明不断走向繁荣与发展作出自己的贡献。

（本文与庄俊举教授合写。原载《红旗文稿》2009 年第 2 期）

希腊、土耳其观感

乙未仲夏，从去到回，一周左右的时间，代表团一行足迹所及也不过雅典、塞萨尼基、安卡拉和伊斯坦布尔等几个大城市，然而从文明古国——希腊到横跨欧亚的穆斯林大国——土耳其，一个虽身处欧盟却因债务危机正面临何处何从的历史抉择，一个正处于从建国以来即全面倒向欧洲却因历史文化等因素而迟迟不被接纳的尴尬境地，一个拥有辉煌文明历史，拥有得天独厚的地理环境资源，却在全球化的今天沦落到靠全民举债维持生计，一个长期以来推行西方民主政体，却因不久前少数族裔库尔德人赢得议会席位而使得大国梦雾霾重重，等等，总之诸多看似矛盾、纠结的现象为什么会突出表现在希腊、土耳其身上，是偶然的巧合，还是有着某种必然？而这，又与我们此行的目的——实地考察我国“一带一路”战略的国际反响以及应对之策——有多大的关联和意义？由此引发的一连串拷问，正是此行带来的冲击和收获。

希腊债务危机是欧盟内在矛盾激化的产物，影响深远

深入研究各个层面应对举措发现，在争取主动为世人关注的希腊债务危机中，尽管希腊全民公投结果反对欧盟进一步援助方案，最后仍然以希腊政府妥协接受继续贷款、留在欧元区而告一段落。但谁都知道，

继续贷款并不能真正解决深陷泥沼的希腊债务危机，目前对于矛盾重重、经济不振的欧盟而言，最好的办法也许在于赢得时间寻求变革以走出困境。如果任由希腊脱离欧元区，必然产生多米诺骨牌效应，来之不易的欧元区很快就会分崩离析。欧元区解体，欧元在国际金融市场就难以抗衡美元乃至日元等强势货币的冲击，欧洲尤其是德国、法国等老牌发达经济体的利益就会遭受重大损失。因此，在希腊债务危机问题上，尽管欧盟委员会与希腊政府之间多有博弈乃至斗争，但希腊继续留在欧元区是符合欧盟根本利益的。

但是，希腊债务危机绝不是个别现象，而是欧元区内在结构性矛盾的外在表现，经济发展水平相对低下的其他欧元区国家如意大利、西班牙、葡萄牙等也存在这个问题，尽管没有希腊这么严重，但其恶化蔓延势头不可低估；希腊债务危机尽管目前告一段落，但并没有得到根本解决，按照欧盟委员会的所谓救助方案，附加条件显然十分苛刻，实际上是主导型欧元区国家对依附型欧元区国家的一种变相挟持和控制，这种不公平局面在民族国家的框架内很难得到长期维持（这次希腊公投结果实际上就是一个最好的说明）。

从长远看，鉴于目前国际经济形势低迷不振，欧洲经济前景不容乐观；美国与俄罗斯在乌克兰问题上达成某种内部妥协，欧洲争取美国支持的砝码相对减轻，美、俄、欧关系重又变得扑朔迷离；中国推行“一带一路”战略，成立亚投行和丝路基金，助推人民币国际化，成为国际金融民主化的积极推动力量，欧元区出于摆脱困境的需要势必会加强与中国的合作，借助中国新兴经济体的成长势头，为日趋疲软的欧元区注入强心剂和新动力。从目前看，人民币不会对欧元构成实质性挑战，更多地会成为合作共赢的伙伴，因此，对于希腊债务危机以及对于欧洲一体化的冲击，我们应坚持国家利益立场，审时度势，权衡利弊，给予密切关注，做好前瞻性研究，储备宏观（国际环境变迁与欧盟演进态势等）、中观（世界金融危机与欧元区结构性矛盾演变等）、微观（希腊等欧元区国家债务危机蔓延情况及其对我国影响等）层面的战略和策略应对举措，真正做到“任凭风浪起，稳坐钓鱼船”。

土耳其有着根深蒂固的大国情结，又表现出较强的务实性和摇摆性

土耳其作为横跨欧亚、在西亚中东具有重大影响力的地区大国，无疑是代表团此行考察的重点。临行前，我们还特别针对“东突”分子利用土耳其作为反华基地做了些功课，了解到“东突”势力与土耳其一些右翼政党关系密切，土耳其政府曾对其态度暧昧，一定程度上助长了其嚣张气焰，随着2010年10月两国建立战略合作关系，特别是2012年习近平访问土耳其，土耳其政府重申一贯奉行“一个中国”政策，决不允许在土耳其领土上从事任何有损中国独立、主权和领土完整的破坏活动。代表团在土期间正值伊斯兰民众的斋戒月，一路走来，耳闻目睹、所见所闻均没有感到有何异常，然而回国不几日（2015年7月4日），伊斯坦布尔发生针对中国游客的游行示威和暴力行径，不能不使人深表惊愕。事件发生不久，土耳其总统埃尔多安正式访华，与我国领导人习近平进行了高层会晤，使原本一时蒙受阴影的中土关系云开雾散。这一来一去，一冷一热，的确有点让人看不懂，然而，循着历史文化的脉络，从地缘政治的角度加以审视，我们或许可以一窥土耳其这个昔日“欧洲病夫”步入现代化轨道以来表现出多重的民族性格和国家追求。

“土耳其梦”的大国情结挥之不去。有人说土耳其所在的安纳托利亚高原以及毗邻欧洲部分历史上是一个埋葬帝国的地方，事实上，从罗

马帝国、拜占庭帝国、波斯帝国到奥斯曼土耳其帝国，差不多都是以这里为核心统治区域。奥斯曼土耳其帝国的建立者是来自中亚草原的突厥人，1453年他们攻入君士坦丁堡，灭亡了东罗马帝国，建立起横跨欧亚非三大洲的奥斯曼帝国，迎来了突厥人在安纳托利亚的复兴。1923年，开国领袖穆斯塔法•凯末尔高举民族主义旗帜，建立了现代土耳其国家。凯末尔推行政治、社会世俗化进程，废除阿拉伯文字，创设推广现代土耳其文，全面效仿和借鉴欧洲文化，拉开了现代化的序幕。进入21世纪以来，在执政的正义与发展党带领下，土耳其经济快速增长，综合国力位居全球第14位，已经成长为西亚、中东有影响力的大国，近年来在叙利亚、伊拉克、巴勒斯坦、塞浦路斯、伊朗等地区和国际事务中发挥和扮演着日趋重要的角色。现任总统、正义与发展党领袖“埃尔多安是一个有强烈的土耳其梦的人”，中国驻土耳其前大使姚匡乙说，2002年上台以来，连选连任，“他极大地改变了土耳其的面貌，还提出在2023年土耳其建国100周年时进入世界10强的目标”。总之，土耳其是一个不容忽视的、成长中的地区大国，国人对其停留在旅游大国的印象上无疑是远远不够的，而在相关专门研究机构和项目配置上，我国尚留有不少空白，今后，服从和服务于国家“一带一路”战略，政府和社会均应进一步提升对土耳其的关注度，官方机构加强从学术理论、历史文化、旅游发展、地缘政治等方面深度研究，做好我方应对预案工作。

世俗政权与宗教社会的张力日趋紧张。作为一个穆斯林人口占绝大多数的伊斯兰国家，土耳其实行着本地区少有的世俗政体。因此，进入现代社会以来，土耳其一直存在着宗教与世俗、现代与保守的“观念交锋”和“利益碰撞”。而现任国家领导人埃尔多安的强硬主张，迎合了土国内广大中下阶层民众的宗教倾向，获得了他们的支持，但却遭到世俗精英阶层的强烈不满。美国《时代》周刊2011年将其评选为“年度人物”时，曾这样评价埃尔多安：他表面上是个世俗派，骨子里是个保守派。在埃尔多安的推动下，近年来土耳其推出了包括修建更多清真寺、禁止空姐抹口红等一系列保守的政策措施。尤其是2015年，土耳其议会通过了限制酒精类饮料法令，规定晚上10点至上午6点之间禁止售酒、禁止在清真寺和学校附近的饭店卖酒、禁止酒类广告。这些举措被国内世俗派视为“思潮的回归”，背离了“凯末尔主义”。国内青年和世俗精英认为政府独断专行，破坏了个人选择生活方式的自由。在埃尔多安任内，土耳其宗教思潮的确呈现一定的扩大趋势。因此，埃尔多安当选总统后，再加上正义与发展党又是执政党，这进一步加剧了外界对土耳其未来走向的担忧。从我方考量，应该看到，由于受历史文化、民族感情、宗教信仰等客观因素的影响，土耳其对“东突”势力的态度和立场实际上是复杂多变、摇摆不定的，鉴于国际社会对暴力恐怖主义一片喊打的态势，尤其是我国政府坚定的政治立场，土耳其不可能公开表态支持“东突”势力，但出于自身国家利益尤其是美国等西方国家的战略考量，土耳其又必然会在抵制、铲除和打击“东突”势力上表现出首鼠两端、模棱两可的游移立场。退一步讲，即使没有美国等西方大国势力的干扰，希望土耳其能够与中国立场保持完全一致、共同坚决打击“东突”势力，恐怕也只能是一厢情愿的事情。对此，我们应牢牢把握国家利益立场，清醒认识土耳其与中国关系的现状和实质，在双方战略合作关系的大框架内，平等互利，求同存异，在关系和涉及国家主权和民族根本利益问题上，坚持原则不动摇，积极开展有理有利有节的政治斗争。

东西方多元文化长期融合交会，深刻影响和改变了土耳其的人文性格，突出表现为开放包容与保守激进、务实灵活与教条守旧等矛盾共存。土耳其是个多民族国家，但是土耳其族占比80%左右，东部毗邻伊朗的库尔德人占比15%左右，其余为其他少数民族。土耳其人和库尔德人普遍信奉伊斯兰教，社会精英和知识分子阶层不少笃信东正教，主要集中在伊斯坦布尔。土耳其历史上就是古代丝绸之路的重要枢纽，尤其是伊斯坦布尔是来自中国、中亚、印度乃至埃及等东方世界的货物和人员进入欧洲的必经之路，因此，历来是东西方、欧亚非各大文明的交会地，是世界著名宗教——犹太教、基督教、伊斯兰教滥觞和冲突交融的主要场所。长期的文明冲突和文化融合，缔造了土耳其人既热情好客、勇敢进取同时又恪守教条、多疑好斗，既务实严谨同时兼具机智权谋的复杂民族性格。从这次伊斯坦布尔反华游行事件发生不久埃尔多安总统即来访华上看，土耳其官方正积极寻求与中国开展高层政治对话，竭力化解因政治事件带来的诸多不利和消极影响，这从一个侧面说明，土耳其当政者具有较为清醒的政治头脑，同时也展现出土耳其人性格中因历史沧桑巨变铸就的那种务实多变、精于权谋的一面。对此，下一步随着“一带一路”战略的深入实施，在与土耳其官方和民间开展经贸、文化、人员等往来时，土耳其人的多元兼容的文化特点和务实多变的民族性格应是我方关注研究的一个重要背景，切不可简单地将其“蛮夷化”和“游牧民族化”。

“一带一路”战略，人文交流是先导，也是基础

在贸易畅通之外，国际社会普遍关注中国将以何种方式和姿态与他们打交道，“一带一路”倡议究竟承载或传达着一种什么样的价值观念，这将在根本上制约和决定“一带一路”战略的兴衰成败。

深入总结研究古代丝绸之路的兴起和演进的规律，在世界上广为传播中国倡导的“一带一路”战略构想正是对历史上“丝路精神”的继承

和弘扬。从历史上看，古代丝绸之路的存在和兴盛，本质上是一个自然的历史过程，不是哪一个国家、哪一个民族单方面主导的，而是东西方不同文明国家和众多民族之间互通有无、取长补短、共同发展的内在要求，是一个多方参与、平等往来、互通互联的客观进程，具有不以人的意志为转移的客观必然性。进入21世纪，中国作为世界经济增长较快的东方大国，率先提出打造和建设丝绸之路经济带和21世纪海上丝绸之路的战略构想，之所以很快得到不少国家和地区的欢迎和期待，正是因为这一构想顺应了历史的呼唤，因应了当今世界经济全球化深入发展的时代潮流。

人文交流总是双向的、相互的，改变也是彼此的，历史上的丝绸之路实质上是东西方文明大交流大融合之路，其所蕴含的平等往来、和平相处、互利共赢的深刻理念，正是今天中国倡导的“一带一路”所承载的价值观念，可以说是“丝路精神”的中国表达和当代体现。

充分认识和估计沿线国家的文化传统、实际国情、发展道路、法治环境等人文因素的客观影响，围绕不同国家和领域的受众特点，从学术研究、文化传播、旅游发展等方面开展多层次交流，推动形成相关研究成果，促成官方和社会共识，为“一带一路”战略逐步深入实施创设必要的社会文化环境。习近平针对“一带一路”提出相关国家和人民均是“利益共同体、责任共同体和命运共同体”，这无疑为“一带一路”所承载的中国价值观作了最权威、最精准的诠释，但是我们也要看到，全球化世界，任何一个有着世界眼光的国家主张，都是站在本国利益立场、用全球化方式表达的，也就是说，如何让相关国家的政府和百姓充分领会中国的战略和主张既是真诚的、也是互利的，绝不是单方面的资本输出和强人所难，就需要我们从价值本质、传播渠道、接受方式、话语特点、文化传统等侧面加以深入细致的研究和落实，而不是不管时间地点条件总是一个说法、一种声调、一种表述。

中国文化典籍《易经》讲“观乎人文，以化成天下”，“文化”一说即由此而来。历史上的丝绸之路，因为不同国家不同民族间的生活习俗、宗教信仰差异而导致冲突乃至兵戎相见的屡见不鲜，实际上这也是丝绸之路往来兴衰中的一部分。鉴往知今，站在21世纪的今天，我们理应具备更高的历史和文化自觉，以更加宽广的视野看待不同国家民族的文化差异和对发展道路的选择，从而以更加理性务实、多元包容、平等协商的态度开展各种交往活动。

此次出访希腊、土耳其，两国有关学术机构在交谈中均表示出对“一带一路”的极大关注，期望两国间加强有关战略和具体操作层面的先期学术攻关，一是可以促进两国和多国间学术界的联系和沟通，为“一带一路”的实施营造学术共同体，一是以学术交流为龙头和纽带，可以较好地带动政府和社会各界对“一带一路”的关注和了解。希腊亚里士多德大学正在筹备亚里士多德诞辰2400周年国际学术研讨会，校方希望借此能够加强与中国有关学术机构的进一步交往和合作，同时也愿意为“一带一路”战略发挥更多文化纽带和桥梁作用。不久前，中国有关部门在伊斯坦布尔组织开展的中国文化年活动以及土耳其在中国开展的土耳其文化年活动，均产生了良好社会反响。下一步，应在不同部门分类开展有关文化交流活动基础上，在国家统一部署下，根据实际情况要求，打破部门界限，适当整合资源，针对某一主题，精心谋划，打出组合拳，提升资源使用效率，赢取规模效应，避免政出多头、互相打架以及重复劳动。目前，中国驻伊斯坦布尔的官方媒体机构不少，但基本上是条块体制，相互间缺少沟通，还没有形成规模效应，这样导致对外宣传效果不会太理想。

有比较才有鉴别，有鉴别才能保持应有的清醒和自信

对希腊、土耳其的考察，时间虽短，但感受深刻，通过感性认识和理性思考，使我们更加生动、直观地认识到，金融危机下的西方资本主义体系已是千疮百孔、自顾不暇；同为世界文明古国，东方的中国却在中国特色社会主义大道上阔步前行，中国道路、中国制度和中国理论的威力和魅力正在世界范围内彰显，中国崛起和民族复兴的浩荡洪流不仅极大地改变了古老东方大国的历史命运，同时也将是世界和平与发展的重大机遇和福音！

希腊是西方文明发源地，文化底蕴不可谓不深厚，地处地中海黄金海岸，自古为东西方贸易枢纽，战略资源不可谓不丰富，然而自2008年国际金融危机以来，深陷主权债务危机的泥沼，国家濒临破产边缘，俨然成为欧元区留之无用、弃之可惜的“鸡肋”，其情其景不可谓不发人深省。究其根源，希腊政府长期奉行西方“新自由主义”经济政策，长期实行进口替代战略，经济对外依存度大，权贵资产阶级把持国内政权，普通民众失去了社会上升渠道，贫富差距急剧拉大，阶层冲突和阶级矛盾趋于激烈，最终导致在来势汹涌的金融危机的冲击下丧失了有效抵抗，不得不依靠全民举债聊以度日。希腊不过是当今西方发达资本主义链条中最薄弱的那个环节，希腊债务危机也不过是西方“新自由主义”走向穷途末路的一个表征，当代资本主义世界体系无疑正处于历史的十字路口！

土耳其作为新兴工业化国家，近年来保持较高速度的经济增长，“土耳其梦”似乎越来越近，但是同样作为西方资本主义世界体系的一员，受制于大国博弈和社会制度不可克服的内在矛盾制约，目前乃至今后一个时期，正面临诸多艰难的抉择——议会民主与中央政府权威、打

击恐怖主义与国家利益、加入欧盟与欧洲衰落、北约成员国与地缘政治关系、世俗化政权与传统伊斯兰社会、大国雄心与发展路径依赖等等，国家前途命运的不确定性日趋增多。总之，同样作为昔日的帝国，同样是经济文化相对落后的国家，同样是追求现代化和民族复兴，我们的确从土耳其身上能够看到不少中国的影子，甚至与中国相比，土耳其事实上有着若干优势和长处，但是，纵观寰宇，自从1917年俄国十月革命以来，世界历史早已开始了从资本主义向社会主义大转变、大过渡的时代进程，落后民族和国家摆脱陈旧的世界体系制约，进而实现本民族的彻底解放和国家富强，事实上除了社会主义道路以外，没有其他更好的制度选择。当然，在社会发展道路的选择上，我们历来尊重各国人民的自主选择和实际情况，中国实践证明为正确的经验和做法，并不希望别国照抄照搬，但是，从我们自身而言，应该通过与当今世界各国特别是与具有类似国情的发展中大国的比较进一步认清中国道路、中国制度的历史必然性，进一步坚定在中国共产党人领导下把我国建设成为富强、民主、文明、和谐的社会主义强国的必胜信念！

我们也同样坚信，各国特别是像希腊这样深陷危机难以自拔的老牌资本主义国家，像土耳其这样当初完全倒向西方体系、如今深陷种种制度陷阱而无法解脱的国家，都在认真关注中国，都在不同层面、不同程度上深受中国模式的吸引，在这个世界上，正如邓小平同志所说，相信社会主义的人肯定会越来越多！

（部分内容原载《社会科学报》2016 年 1 月 7 日）

第三章 党建与时代

当今世界，是政党引领各国发展的新时代。综合国力的较量，发展道路的竞争，国际道义制高点和话语权的争夺，关键在于各国执政党之间理念、价值和力量的博弈。冷战结束后，世界格局进入深刻调整和变革的历史周期，如今，西方世界以美国、欧盟为代表，单边主义抬头，民粹主义盛行，可谓乱象纷呈；新世纪以来，始终不被西方列强看好的东方大国——中国尽管也面临诸多矛盾和挑战，却在逐渐走向成熟的新一代中国共产党人的坚强领导下，沧海横流，尽显英雄本色。中国为什么能，中国共产党为什么能，已经成为海内外强烈关注的时代话题。

中国共产党自我革命的哲学依据

“改革是中国的第二次革命”，这是邓小平说过的一句非常经典的话。当前，全党上下矢志推进的全面深化改革，无疑是在新的历史起点上进行的一场更加广泛深刻同时也是更为艰巨复杂的“革命”。这场“革命”的根本和灵魂在于中国共产党人的自我革命。那么，当代中国共产党人为什么能够提出自我革命，或者说当代中国共产党人自我革命的哲学依据何在呢？

来自彻底的唯物主义世界观

尽管人类早期思想家提出过形形色色的关于宇宙本源的学说，但是受限于生产力的发展水平，无不存在自身难以克服的局限，都是不彻底的哲学观点。牛顿力学、拉普拉斯星云假说、达尔文生物进化论等近现代科学的发展，发现了客观物质世界普遍联系的基本规律，加之近代机器大工业开创了“世界历史”，由此催生了建立在科学实践观基础上的辩证唯物论和历史唯物论，有史以来第一次真正揭示了人类赖以存在的“自在自然”的物质本性及其矛盾动因。“一切从实际出发”“实事求是”“按事物本来面目认识事物”等耳熟能详的话语，就是中国共产党人奉行的辩证唯物主义的认识论。在以往数千年历史上，对于世界和宇宙本源的解释权、话语权，仅掌握在代表少数人利益的统治者手中，他们不会也不可能做到“老实”“真诚” 和“科学”。辩证唯物论和历史唯物论的世界观，为共产党人在解放全人类、最终实现共产主义的实践进程中实现“大我”境界提供了科学的理论指南。

来自彻底的唯物主义历史观

历史究竟是谁创造的？在唯物史观那里，它既不是“上帝”和“神”创造的，也不是帝王将相或少数英雄人物创造的，归根结底是处于社会大多数的亿万人民群众的劳动创造的。以习近平同志为核心的党中央鲜明提出“以人民为中心”的发展思想，不仅体现了当代中国共产党人以天下为己任、不谋私利的无私无畏的胸襟和气度，更是揭示了共产党人秉持的彻底唯物主义的历史观——人民，只有人民，才是历史的真正创造者。一切以人民答应不答应、满意不满意、拥护不拥护为检验准绳，相信人民、依靠人民、为了人民，最为直接而生动地展示了当代中国共产党人不忘初心、继续前进的历史担当和永恒使命。有了这样彻底唯物主义历史观的指引，当下乃至未来改革发展进程中不论出现何等艰巨复杂的困难和问题，就没有克服不了的。共产党自身建设中存在的问题，也没有不能解决的。这种“舍我其谁”的态度，放眼当今世界，可以说，惟有当代中国共产党人拥有。

来自彻底的唯物主义方法论

有什么样的世界观，就有什么样的方法论。“全面深化改革”，彰显的是当代中国共产党人在继承以往改革经验的基础上，对于中国特色社会主义实践运行过程中改革问题的认识愈益清醒和深刻，在政治胆略、战略定位、改革举措以及策略选择上愈加坚定而从容。对于秉持彻底唯物主义世界观和历史观的当代中国共产党人而言，面对“四大考验”和“四种危险”，要带领全国各族人民全面建成小康社会、实现中华民族伟大复兴的中国梦，必须发扬“两个务必”的精神，勇于面对自身建设的严峻现实，以“自我净化、自我完善、自我革新、自我提高”的勇气，不断推进“自我革命”。30多年前，改革开放是决定当代中国命运的关键一招。如今，面对西方金融危机愈演愈深，国际格局深刻变动，国内各种矛盾相互叠加，新发展理念亟待全面贯彻，而改革，依然是决定性的一招。除了将改革进行到底，后退、犹豫、彷徨，都将是死路一条。需要指出的是，当代中国的改革，不是过去的“维新”与“改良”，而是在中国共产党领导下致力于解放和发展生产力、增强社会内在活力与人自身解放的崇高事业，其方向只能是中国特色社会主义，而不是其他什么主义。与此同时，改革是一场涉及所有人，特别是涉及一些既得利益的广泛而深刻的变革。既要勇字当头、不避风雨，踏石留印、抓铁有痕，滴水穿石、久久为功，又要遵循事物变革的内在机理，把战略定力与循序渐进、顶层设计与基层创造、中央决策部署与地方积极性、重点突破与全局协同、改革试点与整体推进等有机结合起来，以实现经济、政治、文化、社会、生态文明以及党的自身建设等，全方位、各领域改革的协同推进，共同服从和服务于中国特色社会主义伟大事业的宏伟目标。

（原载《学习时报》2017年8月16日）

文化强党与伟大工程

办好中国的事情，关键在党。但如何管党治党，才能使党有效应对“四种考验”、克服“四大危险”，保持应有的生机与活力，是党的十八大以来以习近平同志为核心的党中央着力解答的重大时代课题，也是当代中国共产党人在实践基础上推进理论创新，取得丰硕成果的重要领域。在全面推进党的建设新的伟大工程方面，继思想建党、制度治党、组织建党之后，提出文化强党的命题，对于我们在新的历史时期开展“伟大斗争”、推进“伟大事业”的征程中，提升对“伟大工程”的运筹和驾驭能力，深化对党建规律和执政规律的科学认识，无疑具有重大理论意义和强烈实践意义。下面，谨就此问题作些初步思考。

文化强党的实质是文化自信

文化自信在“四个自信”中处于最根本、最基础的位置，道路自信、理论自信和制度自信归根结底是文化自信。中国共产党是中国优秀传统文化的忠实继承者和弘扬者，这个“继承”和“弘扬”不是“日用而不知”的自在性遗传，更不是文化复古主义，而是为着完成当前的中心工作和历史使命有分析有批判的继承，是谓“创造性继承、创新性发展”。文化自信不仅仅是对民族文化的认同和自觉，更是对国家和执政党的认同和自觉，本质上回答的是“我是谁，我从哪里来，又到哪里去”的哲学问题。文化自信是十八大以来以习近平同志为核心的党中央鲜明提出并身体力行的，首先反映的是当代中国共产党人在应对具有许多新的历史特点的伟大斗争中对于自身所处历史方位及其运动规律的体认和觉醒，展现的是历经九十多年风雨苍黄而愈发坚韧、澎湃的生机与活力。文化自信体现在党的建设领域，就是从理论和实践上对“什么是共产党，建设一个什么样的共产党以及怎样建设共产党”这个根本问题的科学回答。以马克思主义为行动指南的共产党，诞生于资本主义基本矛盾日趋激化的发展阶段，宣告资本主义必然灭亡、社会主义必然胜利的历史大趋势已然到来，本身代表我们这个时代的先进生产力、先进文化以及最广大人民的根本利益，本质上是完全新型的政党，绝不能用西方资产阶级政党的视角看待和解读她，切实认识和把握共产党的本质及其运动规律，必须确立与其相应的文化立场和文化自觉。

文化强党是“伟大工程”的应有之义

文化强党的提出是新形势下党带领人民从事伟大斗争、推进伟大事业进程中自身走向成熟的重要标志。1939年，毛泽东同志在《共产党人发刊词》中提出“党的建设伟大工程”，认为建设一个思想上政治上完全巩固的无产阶级政党的时代要求已经日益突出，可谓中国共产党建党历史上的一次伟大觉醒；邓小平同志在改革开放后提出“这个党该抓了，不抓不行了”的著名论断，集中体现了第二代中央领导集体言党忧党兴党的新的历史觉醒；党的十四届六中全会提出全党应结合新的时代条件推进“党的建设新的伟大工程”的号召，标志着新一代中国共产党人在国际形势发生复杂深刻变化以及社会主义市场经济体制不断深化的新的历史背景下，面对经济结构、利益主体、就业方式以及价值观念的多样化态势，针对包括党的阶级基础、群众基础、执政理念、执政方略、执政方式等自身特质及形式的又一次全面而深刻的反思和体认；党的十八大以来，以习近平同志为核心的党中央在应对国际国内各种复杂斗争的历史性重大考验中，以“全面从严治党”为抓手，在“党要管党，从严治党”的问题上提出了一系列新理念新思想新战略，尤其是把“党的建设新的伟大工程”置于“具有许多新的历史特点的伟大斗争”的时代背景以及全面推进“中国特色社会主义伟大事业”的历史高度加以审视和把握，体现的是当代中国共产党人宽广的马克思主义眼界、舍我其谁的革命英雄主义担当以及驾驭复杂局面的政治智慧，折射出我们党带领全国各族人民在中国特色社会主义道路上不忘初心、继续前进的恢宏气度和必胜信念。

政治文化是政治生态、政治生活的灵魂

涵养良好的政治生态、严肃党内政治生活，是全面从严治党的内在要求，也是新形势下管好治好建好我们这样一支有8800万党员之众、96年之久的大党老党执政党的必由之路。风清气正的政治生态来之不易，一旦遭到破坏，恢复起来自然是艰巨异常，这其中，政治文化始终扮演和发挥着极其重要的角色——积极健康、正大堂皇的文化形态及其价值观念是良好政治生态的精神支柱。严肃的党内政治生活——“三会一课”的开展、民主集中制原则的贯彻、批评与自我批评的运用等，正像有规律的生活习惯对于一个身心健全的人一样，它是保持党能够成为一个生命有机体的必要条件。常言道，“大道至简”，认识常识、践行常识，看似简单，实则不凡，其中至关重要的一点在于能否久久为功、滴

水穿石。不忘初心、继续前进，看起来平常不过，真正付诸行动、一以贯之，对于一个人、一个家庭、一个组织乃至一个民族，无不是“靡不有初，鲜克有终”。《中庸》云，“诚者，天之道也；诚之者，人之道也”。“不忘初心”蕴含和揭示的正是人间乃至宇宙的真理——一个人一时间做一件好事容易，一辈子坚持做好事不容易。

“实事求是”是中国共产党人的党性真谛

历史深刻表明，中国共产党人的思想作风、工作作风以及党风、学风和文风，皆可归之于“实事求是”。迄今为止，人类文明发展到社会主义阶段，能够清醒认识自身优劣长短和历史使命所在，并在思想理论上鲜明地高举“实事求是”的旗帜，在实践中以“实事求是”科学态度实现自我革命的阶级或集团，不是发达资本主义国家的统治阶层和知识精英（富裕之邦并非真理之地），也不是时刻标榜自己为人间救世主的那些人（有理不在声高），而是“为工人阶级当前的利益而奋斗，同时代表运动的未来”的（知行合一）共产党人。“实事求是”出自《汉书•河间献王刘德传》——“修学好古，实事求是”，说的是治学谨严、不尚空谈。毛泽东在《改造我们的学习》中指出：“实事”就是客观存在着的一切事物，“是”就是客观事物的内部联系，即规律性，“求”就是我们去研究。毛泽东还解释说：学习马克思主义要“有的放矢”，“的”就是中国革命，“矢”就是马克思列宁主义。中国共产党人之所以要找“矢”，就是为了要射中国革命这个“的”。这种态度就是“实事求是”的态度。“这种态度，有实事求是之意，无哗众取宠之心。这种态度，就是党性的表现，就是理论和实践统一的马克思列宁主义的作风”。实事求是是马克思主义活的灵魂，也是习近平同志系列重要讲话精神的鲜明主线。深入学习贯彻党的十八大以来以习近平同志为核心的党中央关于全面从严治党的新理念新思想新战略，实施文化强党战略，首要的和根本的在于牢牢把握体现和贯穿其始终的“实事求是”这一党性真谛。

确立“四个意识”是文化强党的紧迫任务

无数实践证明，与现代社会其他政党党员相比较，共产党人无疑是用“特殊材料”（政治优势）做成的。对于这个“特殊材料”，历来为世人所探究。邓小平曾经说过，中国共产党人面对艰难险阻为什么能够团结起来、上下同欲，取得一个又一个斗争的胜利，就是“一靠理想、二靠纪律”。如今，习近平同志面向全党鲜明地提出“政治意识、大局意识、核心意识、看齐意识”，可谓是对“特殊材料”的新的时代性解答。巴黎公社以来的一部国际共产主义运动史说明，无产阶级及广大劳动人民的解放运动须臾不可缺少工人阶级先进政党的领导，而共产党作为工人阶级的先锋队，从其诞生之日起，自身就展现出资产阶级政党不可比拟的政治性、组织性、纪律性和统一性，其直接表现就是民主集中制的组织原则，而作为现代社会最为先进的政党，其在不同历史时期走向健全和成熟的重要标志之一则是“核心”和“领袖”的形成。习近平同志作为新的历史条件下全党的核心，是在党的十八大以来党中央带领全党全国各族人民高举中国特色社会主义伟大旗帜，应对国际国内各种空前复杂而深刻的斗争中历史地形成的，体现了当代中国社会发展的必然要求，是人民期盼和全党意愿的高度统一。具体而言，讲政治，是以马克思主义为理论武装的先进政党最本质的要求；讲大局，体现了马克思主义执政党应有的宽广眼界和无私胸襟；核心意识，要求每一名党员思想上行动上均应自觉维护来之不易的全党“核心”，这无疑也是政治意识和大局意识的内在要求；看齐意识，正是因为现实中有这样那样的步调不齐现象，才有必要经常性地倡导“看齐”，“看齐”不是绝对的一致，而是最终在全党造就“又有集中又有民主，又有纪律又有自由，又有统一意志、又有个人心情舒畅、生动活泼，那样一种政治局面”，目的在于“以利于社会主义革命和社会主义建设，较易于克服困难，较快地建设我国的现代工业和现代农业，党和国家较为巩固，较为能够经受风险”（毛泽东：《1957年夏季的形势》）。由此而言，“四个意识”是对当代中国共产党人先进政治文化的生动概括和总结。

思想建党是文化强党的要害所在

历史地看，共产党是马克思主义与各国工人运动相结合的产物，马克思主义是她的灵魂和旗帜，工人以及人民大众则是她的物质外壳，由此看来，共产党本身就是理论与实践的有机统一体，这就是说，在共产党人这里，一切彼岸或唯心的东西在“革命的实践”面前顷刻间土崩瓦解、不复存在，有的只是按照解放思想、实事求是、与时俱进的要求，不断推进在改造客观世界的实践进程中同时实现主观世界的改造任务。共产党人在组织上入党是一回事，在思想上入党又是一回事——组织上入党一时一地，思想上入党一生一世，只有保持思想认识的与时俱进，活到老学到老改造到老，才符合一名共产党员的本质要求。回首20世纪20年代，大革命失败后，以毛泽东为代表的第一代中国共产党人揭竿而起，走上了工农武装割据、农村包围城市的革命道路，但是对于在一个半殖民地半封建性质的东方大国如何建设一支富有战斗力的共产党及其人民军队，如何用先进的无产阶级思想战胜各种落后的非无产阶级思想，随着革命斗争形势的日趋严峻复杂，这个问题和任务已经变得越发重要而紧迫，著名的古田会议（1929年12月）就是在这样的背景下由毛泽东同志主持召开的，它在党史上首次鲜明提出“思想建党”（政治建军）的重大政治原则。第二次国共合作时期，为了领导抗日民族统一战线，赢得抗日战争的最后胜利，迫切需要打造一支思想上政治上完全巩固的无产阶级政党，1941年5月，毛泽东同志在延安高级干部会议上作《改造我们的学习》的报告，标志着整风开始，1945年4月20日六届七中全会通过《关于若干历史问题的决议》，标志着整风结束。延安整风运动在中国共产党历史上具有深远的历史意义，它是党的建设史上的一个伟大创举。通过延安整风，全党确立了一条实事求是的马克思主义思想路线，大大提高了干部队伍的思想政治水平，使党达到了空前的团结统一。给党和国家带来空前浩劫的“文化大革命”结束后不久，邓小平同志在党的十一届三中全会上发表《解放思想，实事求是，团结一致向前看》的重要讲话，以及后来中央通过的《关于建国以来若干历史问题的决议》，坚持以辩证唯物主义和历史唯物主义态度对待历史、放眼未来，极大地凝聚了全党共识，为改革开放和社会主义现代化建设奠定了坚实思想基础。与社会主义市场经济体制逐步确立相适应，江泽民同志毅然提出“三个代表”重要思想，开辟了思想建党的历史新篇章。党的十六大以来，胡锦涛同志以“科学发展观”的创新成果丰富和拓展了马克思主义中国化的理论武库。党的十八大以来，习近平同志作为党的总书记，坚持“党要管党，从严治党”，以全面从严治党为抓手，以一系列新理念新思想新战略开拓了思想建党的崭新境界，夯实了党的建设新的伟大工程的思想理论基础。纵观党的曲折而辉煌的奋斗历程，思想建党在共产党建党学说和体系中始终居于核心和根本位置，不是谁主观规定的，而是由中国共产党人的政治文化特质决定的。

制度治党是文化强党的客观要求

文化强党，就其广义来说，当是包括制度、观念及实践等诸多因素在内的具有相对稳定特质的系统。文化强党既涵盖了思想建党（以德治党）、制度治党（依规治党）、组织建党，同时也是与其相对而言的。党的十八大以来全面从严治党的进程，贯穿了一条鲜明的红线，即思想建党与制度治党有机结合。党的十一届三中全会后，邓小平同志提出要改革党和国家领导制度这一带有根本性的问题。他指出：我们过去发生的各种错误，固然与某些领导人的思想、作风有关，但是组织制度、工作制度方面的问题更重要。“这些方面的制度好可以使坏人无法任意横行，制度不好可以使好人无法充分做好事，甚至会走向反面。”因此，“领导制度、组织制度问题更带有根本性、全局性、稳定性和长期性。这种制度问题，关系到党和国家是否改变颜色，必须引起全党的高度重视”。习近平同志强调：“从严治党靠教育，也靠制度，二者一柔一刚，要同向发力、同时发力。”强调文化强党，就要着力抓好党的理论建设、道德建设和作风建设。我们党作为马克思主义执政党，不但要有强大的真理力量，而且要有强大的人格力量。为了抓好作风建设，我们党深入开展了党的群众路线教育实践活动和“三严三实”专题教育和“两学一做”学习教育。以德治党作为思想建党的具体体现，事实上是以依规治党、制度治党为支撑的。《中国共产党廉洁自律准则》《中国共产党纪律处分条例》的修订，很好地贯穿了这种紧密结合的精神。习近平同志强调建设党内法规制度体系，把权力关进制度的笼子里，依法设定权力、规范权力、制约权力、监督权力。在协调推进“四个全面”战略布局的大背景下，思想建党和制度治党紧密结合既是全面从严治党的要求，也是全面依法治国的要求。

组织建党是文化强党的现实载体

组织也是一种文化形态，它是人类历史进入机器大工业时代以后催生的一种现代社会形式。不同的组织有各自不同的组织形式和组织观念，而政党作为近代工业社会的产物，是一种具有强大向心力和凝聚力的组织形态，工人阶级政党因其大公无私和高度组织纪律性，在组织形态和运行机制等方面可以说是最为先进和完备的。工人阶级政党的基层党组织是党全部工作和战斗力的基础。组织建党是党建工程的实体和主干，包括坚持和完善民主集中制、加强队伍建设、夯实基层党建、增强阶级基础与扩大群众基础等内容。这一建党特点是由共产党的性质和使命决定的，集中反映了工人阶级政党应有的“先锋队”“战斗堡垒”作用。列宁指出，党应该是组织的总和（并且不是简单的算术式的总和，而是一个整体）。井冈山斗争时期，毛泽东同志在艰苦卓绝的斗争环境中，大胆探索大革命失败后根据地思想建党与组织建党，确保了党的集中统一。面对具有许多新的历史特点的伟大斗争形势，习近平同志强调：“党的力量来自组织，组织能使力量倍增。我们党是按照马克思主义建党原则建立起来的政党，我们党以民主集中制为根本组织制度和领导制度，组织严密是党的光荣传统和独特优势。九十多年来，我们党栉风沐雨、历经坎坷，不断从胜利走向胜利，发展成为世界第一大执政党，组织严密是重要保证。”强调“领导我们事业的核心力量是中国共产党。什么叫核心力量？一些同志没有搞得很清楚，或者说知道这个道理，但一到实际工作中就搞不清楚了。党的领导，体现在党的科学理论和正确路线方针政策上，体现在党的执政能力和执政水平上，同时也体现在党的严密组织体系和强大组织能力上。一个松松垮垮、稀稀拉拉的组织是不能干事，也干不成事的。如果党组织像个大车店、大卖场一样，想来就来，想走就走，那还能有什么核心力量？还能把广大人民群众团结在党的周围吗？要好好抓一抓组织纪律，加强全党的组织纪律性”（《严明党的组织纪律，增强组织纪律性》）。他还强调“越是情况复杂、基础薄弱的地方，越要健全党的组织、做好党的工作，确保全覆盖，固本强基，防止‘木桶效应’”。习近平同志关于加强党的组织建设的重要论述，集中体现了马克思主义政党建设的本质要求，抓住了当前执政党建设的症结和矛盾，以新的内容丰富、拓展和深化了共产党建党和执政规律的认识，有利于从根本上破解“反腐败亡党，不反腐败亡国”的所谓悖论。

文化强党是一个大命题，需要从历史长河、时代高度以及实践进程等大时空、大尺度、大视野的角度予以审视，也需要置于党领导人民执政兴国的当下要求、制度创新、实际操作等具体层面加以对待，因此有必要坚持马克思主义基本原理与中国具体实际相结合的原则，着眼于不断推进马克思主义中国化，在不断推进中国特色社会主义伟大事业的历史进程中加以认识和践行。文化强党也是一篇大文章，既要与马克思主义建党学说一脉相承，讲好“源头活水篇”，又要体现鲜明独特的当代中国特色、中国风格和中国气度，讲好“中国故事篇”，因此有必要坚持解放思想、实事求是、与时俱进的科学态度，把党领导亿万人民群众谋求幸福生活的鲜活、生动的社会实践作为检验“文章”写得好不好、行不行的唯一标准。

（原载《岭南学刊》2017 年第 4 期）

着力推进共产主义信仰中国化

人间正道是沧桑。共产党人是无神论者，但是也有信仰，这个信仰不同于宗教，不是在彼岸世界，而就在每个人的脚下，这就是为马克思主义所揭示的、建立在对人类社会发展规律认识基础上的科学共产主义（社会主义）。对共产主义的坚定信仰和不懈追求，是共产党人安身立命的终极关怀所在。而科学共产主义作为一种历史现象，本身是运动、制度和观念的统一，其规定性在经典作家那里没有也不会给出更多、更具体的描述，一切必须依靠后人结合当前丰富、生动的实际生活加以创造性的运用和发展。

在实践中，我们对共产主义的理解和认识不能停留在经典作家的若干原则论述上，更不能把这些原则论述教条化、经院化、实体化，必须结合中国当下实际，不断加以中国化、时代化和具体化，努力使共产主义信仰及其教育植根于中国土壤、反映中国经验、体现中国风格。

实际上，共产主义信仰中国化是马克思主义中国化的题中应有之义。自从马克思主义传入中国，在指引中国革命、建设和改革不断取得新胜利的过程中，伴随马克思主义中国化的历史进程，共产主义信仰也在逐渐中国化。对这个过程给予更多的关注，并着力从理论上加以总结和阐发，无疑是推进共产主义信仰中国化的重要前提。革命战争年代，国难当头，民族危亡，共产主义信仰成为激励无数先烈前赴后继、慷慨赴死的强大精神动力。邓小平曾讲，过去我们之所以能够取得胜利，一靠理想，二靠纪律。这个理想不是别的，就是建立新中国，实现共产主义。建立新中国是实现共产主义的一部分，是她的第一步；建设中国特色社会主义构成为紧随其后的新的一步。今天对于中国共产党人来讲，建设中国特色社会主义就是建设共产主义，确立和坚定共产主义信仰，首要和根本的就是要确立和坚定中国特色社会主义信念。近来，面向全党，党中央特别强调要有道路自信、理论自信、制度自信和文化自信，正是新形势下加强党员干部理想信念建设的重大举措，同时也以新的时代内容丰富、推进了共产主义信仰中国化进程。

在当代中国，强调着力推进共产主义信仰中国化，不是要抛弃马克思主义经典作家的原则，不是要置那些已经实践证明为正确的经验和做法于不顾，而是有着极其强烈、鲜明的现实指向——近年来党员干部的思想状况发生了和正在发生着复杂而深刻的变化，其中一个值得高度重视的现象是，共产主义信仰的传播和认同似乎正在遭遇不少阻力，其境遇似乎愈益尴尬。

表现之一，党的领导人在一些重要讲话以及党在改革发展关键时期作出的重大决定中，经常提到中国共产党人的最终奋斗目标是“共产主义”，坚定“共产主义的理想信念”等。但是，一些基层党组织在传达学习时大多是照本宣科，不少流于形式，到头来“共产主义”在不少党员干部那里仍然是一头雾水，至于与“中国特色社会主义”的关系如何也是不求甚解。

表现之二，一些理论工作者出于对马克思主义的忠诚，出于捍卫共产主义崇高理想的需要，为回应和批驳有关错误言论，常常引经据典，作出连篇累牍、不厌其烦的阐述和论证，但实际效果并不如意，有的甚至适得其反，招来质疑、非议和谩骂。

表现之三，由于受市场功利主义、极端个人主义、教条主义以及文化保守主义等思潮的影响，近年来党员干部的思想状况呈现复杂多变的倾向，突出表现在对“共产主义”的理解和认识上：一是一些人还停留在马克思主义经典作家的个别字句、经典论述上，对于当下中国的诸多现状多有不满，但又深感无力回天；二是在一些人那里“共产主义”俨然成了陈词滥调、保守僵化的代名词，他们对于共产主义信仰不是那么理直气壮，而是常常含含糊糊、闪烁其词，甚至刻意回避；三是一些党员干部表面上高调唱和，私底下我行我素，你讲你的，我干我的，两不相干，岂不美哉；四是一些党员干部沉湎于追求个人利益、局部利益等现实功利的目标，倡言“多研究些问题，少谈些主义”，除了升官发财的“兴奋点”，“共产主义”和所有宗教理想没有什么区别，都是乌托邦，实现不实现和自己没啥关系；五是认为“共产主义”是共产党的说教和宣传，是典型的意识形态话语，苏联那么强大都垮台了，中国最终也难逃厄运，为此深感恐慌；六是认为中国传统根深蒂固，三教合一、儒家为大，“共产主义”是舶来品，不适合中国，绕来绕去还是得复兴儒学，靠“仁义礼智信”治国；七是认为既然欧美等西方国家依托基督教文化走向发达，而“自由”“民主”又和基督教文明内在相连，中国应放弃虚幻的共产主义学说，移植西方基督教文明彻底改造中国；八是更有甚者，一些党员干部在追求物欲的不归路上越走越远，备感绝望之时，物极必反，“不信马列信鬼神”，自觉不自觉地投向了佛教、道教、天主教甚至邪教的怀抱。

问题出在哪儿？科学共产主义从理论到实践，从一国到多国，尤其是中国共产党人从革命、建设到改革的成功历程，已经证明其真理性和科学性。既然是真理，为什么还有不少人不信或者信得不坚定呢？这里，抛开各种客观影响因素不说，仅就思想理论建设层面来讲，共产主义信仰中国化的问题仍是一个不容回避的重要环节。

首先，共产主义信仰中国化是马克思主义中国化的有机组成部分，是这一总体进程的重要侧面。我们不应脱离马克思主义中国化进程而孤立地加以谈论；同时还要看到，马克思主义中国化本身就是一个包含马克思主义哲学、马克思主义政治经济学以及科学共产主义等不同内容、不同侧面的历史过程，我们不能也不应把共产主义信仰中国化简单混同于马克思主义中国化或科学共产主义的中国化，因为共产主义信仰中国化在马克思主义中国化以及科学共产主义中国化的框架内占据极其重要的地位，应单列出来加以认识和研究。

其次，随着毛泽东思想、邓小平理论、“三个代表”重要思想、科学发展观以及习近平同志系列重要讲话精神等马克思主义中国化进程的不断推进，共产主义信仰中国化进程实际也在进行。譬如革命战争年代对“一不怕苦，二不怕死”、张思德的“为人民服务”、白求恩的“毫不利己，专门利人”等共产主义精神的倡导和实践，建设时期对全心全意为人民服务的雷锋精神、焦裕禄精神的弘扬，改革开放以来对张海迪身残志坚精神、孔繁森人民公仆形象、徐洪刚舍己救人品格的肯定和提倡，为全党乃至全社会树立了一座座道德丰碑，这些道德楷模形象产生于中国大地，即使放在全人类也是站得住的，因此其先进性和纯洁性不容置疑。但是，我们必须清醒地看到，在现实生活中，尤其是在改革开放和发展社会主义市场经济的大环境中，大力塑造若干几近毫无瑕疵的道德楷模，作为广大党员干部信仰教育的标杆，其实际感召力、说服力、影响力与预期目标存在不小差距。因此，在新形势下开展共产主义信仰教育，应在原则性和灵活性、先进性和广泛性、马克思主义与中国传统文化、共产主义信仰原理和当下广大党员干部思想工作的实际状况、党的奋斗目标和党员合法权益等重大关系上寻求契合点，坚决破除和杜绝现实中诸多将“共产主义”实体化、绝对化、彼岸化等“乌托邦”的观念，努力使其入耳、入脑、入心，给人以可敬、可亲、可信、可行的形象。

再次，结合时代背景，尤其是中国特色社会主义的蓬勃发展，加强科学共产主义（社会主义）学说的理论研究。深入总结、阐述中国特色社会主义的成功经验，深入揭示中国特色社会主义道路的开辟对于民族解放以及世界和平、人类进步事业的重大意义，深入阐发中国特色社会主义道路及其成功经验对于马克思主义科学共产主义（社会主义）的继承和创新之所在，深入说明投身中国特色社会主义建设事业就是实现自身价值乃至追求人生不朽的最好、最现实路径，以进一步增强广大党员干部的理论自信、道路自信和制度自信。

最后，重视对中国历史上儒释道三教融合的内在规律的研究，借鉴和汲取古代统治阶级以儒家为主线构建社会主流意识形态和社会核心价值体系，进而实现国家和社会有效治理的经验和做法，促进新形势下中国共产党人建党治党以及治国理政的能力和水平。共产主义信仰如同马克思主义一样，是真理，是科学，但是又必须与中国具体实际、文化传统等相结合，实现中国化，才能真正为中国的同志所接受，才能真正在中国土壤上生根发芽、开花结果。如今，共产主义信仰中国化进程早已开辟，但是随着中国共产党人执政环境的变化，执政方式、执政理念、执政基础等也发生了相应变化，我们有必要在历史经验基础上，结合新的实践，着眼实现新的执政目标，注重从传统文化特别是宋明儒家讲究“格致正诚、修齐治平”的“内圣外王”修为之道中汲取营养，将其融入当代共产党人党性修养的具体实践，不断推进共产主义信仰的中国化进程。

（原载人民网 2015 年 3 月 2 日）

不忘初心　方能善始善终

“靡不有初，鲜克有终”，出自《诗经•大雅》，意思是说，没有人不能善始，但很少有人能做到善始善终。习近平同志在纪念抗战胜利70周年时曾引用此典，旨在强调中国人爱好和平，仍要以史为鉴，绝不让历史悲剧重演。而在当下，习近平同志在2016年“七一”重要讲话中面向全党郑重昭示“不忘初心，继续前进”的坚定信念，无疑是警示我们做人做事、治国齐家皆要秉持初衷，铭记誓词，不忘宗旨，以实际行动在“赶考路上”向人民交出一份份合格答卷。

初心易得　始终难守

古人云“作始也简，将毕也钜”，主要是指事情开头总是相对简单和容易，发展到后来，就会越来越复杂和困难，正所谓“打江山易，坐江山难”。1956年春节，董必武同志重访党的一大会址。几天后，他派人送来两幅题词，其中一幅就是“作始也简，将毕也钜”。董老借用此言，是为了说明共产党人应该认识到自己事业的长期性和复杂性，有毅力，有信心，善始善终地争取革命的最后胜利。应该说，老一辈无产阶级革命家开创的事业，在其开始时也并非简单易成。但事实上无论是革命、建设还是改革，在深入发展以后，所面临的新情况新问题新任务，毕竟比创业时期更为艰巨和复杂。而且历史上无数事实说明，往往随着客观环境的改变，尤其是随着生存条件的不断改善，一个人、一个家族、一个组织身上早先那股昂扬锐气或曰精气神似乎不再那么浓烈和蓬勃，耽于物欲、好逸恶劳、自由散漫、精神懈怠等惰性以及种种不良习惯皆因环境的改变而日渐抬头。中国革命史上著名的“窑洞对”——毛主席与民主人士黄炎培的关于如何跳出“其兴也浡焉，其亡也忽焉”的所谓“历史周期律”的对话，实质也是针对这一重大历史现象进行的伟大探讨。对黄炎培的历史之问，毛主席给以“人民起来监督政府”的回答，“人民民主”所体现和反映的正是早年我们党带领人民闹革命时的重要法宝——群众路线。中国共产党人是为人民利益而生的，她植根于人民、服务于人民，尽管时代有所不同，但这个“初心”是不会变也不能变的，唯有如此，中国共产党人方能在保持自身生机活力的同时，带领中国人民走出“兴浡亡忽”的历史循环。

不忘本来　面向未来

宋代理学家朱熹有“问渠那得清如许，为有源头活水来”的诗句，说的是后世儒学所以能够峰回路转、屡开新境，根本在于不忘经典、薪火相传的道理。现代国学大师陈寅恪主张中国学术的根本出路在于“吸收输入外来之学说，不忘本来民族之地位”。党的总书记习近平同志在不久前召开的哲学社会科学座谈会上提出建设中国特色哲学社会科学体系必须“不忘本来，吸收外来，面向未来”的指导方针。在这里，“不忘本来”体现的是一种中华民族历经磨难而不衰、千锤百炼更坚强的特有文化自觉和文化自信，更是集中展现了中国共产党人作为中国优秀传统文化的忠实继承者和弘扬者，所应秉持的科学世界观和方法论，那就是着眼解决中国的问题，牢牢立足中国国情，始终坚持把马克思主义普遍真理与中国革命、建设和改革的具体实际相结合，在致力于解放和发展生产力、促进人的全面发展的同时，不断推进马克思主义的中国化、时代化和大众化。“不忘本来”，不是对过去单纯的眷恋和不舍，实则是通过对历史和逻辑原点的时时追溯和反思，更好地认识走过的道路、省察当下的自我、调正前进的航向。世事纷纭，时局多变，尤其是在和平建设时期，承平日久，作为执政党，如何在具有许多新的历史特点的伟大斗争的时代背景下，全面推进党的建设新的伟大工程，就成了一项日益凸显并且关乎全局、关乎根本、关乎未来的头等课题。“不忘初心，继续前进”！当此之时，习近平同志处乱不惊、运筹帷幄，代表全党，面向“两个一百年”、面向世界、面向未来，作出了郑重宣告，提供了基本遵循。

牢记初心　贵在践行

“不忘初心，方得始终”，原是一句与《华严经》有关的著名禅语，与儒家“道心”说极为接近。《尚书•大禹谟》有“人心惟危，道心惟微，惟精惟一，允执厥中”之说。宋代儒家将此称为“十六字心传”。 所谓“心传”，即是说这十六个字源于尧、舜、禹禅让的故事，当尧把帝位传给舜以及舜把帝位传给禹的时候，所托付的是天下与百姓的重任，是华夏文明的火种。后来，明代王阳明提出“发明本心”，主张“致良知”。中国佛学阐发的“初心”也好，儒家传承的“道心”“本心”也好，在中国乃至世界文化史上无疑都发挥了重要作用，占有一席之地。今天，我们讲的“初心”，字面上看与上述有关概念差不多甚至没有区别，但在理论内涵、表现形式以及实现方式上实是存在天壤之别。中国传统儒释道各有其“修为”之道，如儒家推崇“内圣外王”之道，禅宗讲究“顿悟”之道，道家推崇“无为”之道，不可否认，这其中皆蕴含了各自的“终极关怀”，皆能自圆其说为系统的哲学体系，但放在今天的时代背景下，用在共产党人身上，哪一个都不合脚。中国共产党人的“初心”，当然是这个工农革命党甫一成立之时举起的旗帜，也是每个党员当初加入这个组织时作出的豪迈誓言，其实质是《共产党宣言》所指出的“共产党人为工人阶级的最近目的和利益而斗争，但是他们在当前的运动中同时代表时代的未来”，这就从根本价值取向上深刻揭示了中国共产党人是完全彻底的唯物论者，同时必然是最高纲领与最低纲领、党与群众、理论与实践、批评与自我批评的统一论者。建立在科学、系统的彻底唯物主义基础上的共产党人的“修为”之道能是什么呢？必然是在无限的为人民服务之中实现个体生命有限价值最大化的过程。对这一根本价值观的体认和自觉，需要严肃认真、坚持不懈的理论学习，更需要不避风雨、卓有成效的坚定行动，而这两者的良性互动，亦即在改造客观世界的过程中改造主观世界，正是中国共产党人特有的“修为”之道。

（原载《学习时报》2016 年 7 月 28 日）

也谈敬畏意识

联系我国特有的历史文化传统和政治文化特点，深入认识改革开放30年来我国社会道德建设现状，大力培养和树立敬畏意识，在思想认识和实际工作中应着眼于以下几个重要环节：

确立科学的社会价值导向

中国历史上以德治国的成功经验告诉我们：伦理教化之要，在于确立为社会各阶层共同敬畏的道德体系，在于树立为官方和民众普遍认同的社会价值导向。离开了这一点，社会道德建设必然事倍功半，乃至流于形式。要使现有道德信条和价值规范得到广大民众的深刻认同和自觉践行，还必须树立这些道德信条和价值规范在人们心中应有的必然性、权威性和神圣性。

30年改革实践进程同时也是一场深刻的思想解放运动，与经济社会体制的深刻变化相适应，利益主体多元化催生了价值观念的多元多样多变，人们的主体意识、权利意识、竞争意识等前所未有地得到张扬，社会本位、集体本位的整体主义价值观在冲击中经历深刻嬗变。这种形势要求我们的道德建设必须摆脱僵化模式和教条思维的影响，以改革创新精神，扬弃中国传统道德和革命理想主义道德，坚持以人为本，更加关照生命个体的生存状态及其价值理想，建构一个融己与他、义与利辩证统一，涵盖社会公德、职业道德、家庭美德和个人品德的现代道德规范体系。

此外，针对近年来诸如后现代主义等一些流行思潮的严重社会影响，应从理论上深入阐释其利弊得失，而不是熟视无睹抑或放任自流。后现代主义者耻言理想、躲避崇高，正是他们无所敬畏的表现。它那种否定权威、颠覆偶像、消解神圣、排斥绝对、放弃责任的无所敬畏的理论倾向，根本上是与人类历史运动变化的总趋势不相符合的。对后现代主义思潮及其影响，有必要给予系统、深入反思。

推动形成强大的舆论导向

针对当前我国社会舆论环境，有人曾从媒体的角度将其分为四类：一是一般所讲的党报党刊等主流媒体。这类媒体有的没有了过去那种强有力的舆论控制能力，有的只是徒有虚名，使得受众群体正在变小。二是近年来异军突起的大量都市类媒体。这类媒体对于社会舆论，特别是寻常百姓的影响力实际上已经超过主流媒体。但是不容忽视的是，近年来，正是这类都市类媒体对于体育娱乐明星的恣意追捧、对高消费生活的盲目渲染以及对于社会经济领域所谓成功人士的独家报道等，一定程度上助长了社会唯利是图的不良风气。三是互联网、手机短信等新兴媒体。新兴媒体发展之迅猛已是众所周知的事实。可是管理不善等原因造成网络垃圾泛滥、网络犯罪飙升等不良现象，“网络猛于虎”并非危言耸听！四是境外媒体。随着社会开放度的不断加大，境外媒体悄然间来到了人们身边，成为影响乃至改变人们思想和生活的重要舆论工具。这就使得国内舆论环境与国际舆论环境的界限变得越来越模糊。面临上述媒体日趋市场化、多元化、复杂化的动态演变格局，如何在多样中寻求共识，在多元中形成主导，是当前我国媒体建设必须面对并亟待解决的一大时代课题。否则，对于人们重塑敬畏意识，对于社会主义核心价值体系建设是极为不利的。

发挥党员干部社会道德“风向标”作用

官风正则民风正。各级党员干部处于国家政治活动的中心，不仅决定着大政方针和国计民生，同时还在根本上引领着全社会的价值导向和道德风尚。中国共产党作为执政党，立党为公、执政为民作为其执政理念，是对全国各族人民的庄严承诺，更是实实在在的行动。说到做到、言行一致、表里如一不仅是党性修养的体现，更深刻反映着一个党员干部的基本道德面貌。

近些年来，一些党员干部在各种现实诱惑面前，为一己之利，阳奉阴违、弄虚作假，甚至不惜铤而走险，给党和政府的良好形象带来不良影响，也在严重损害着已有的社会道德体系。党风决定政风，政风引领民风。根治各种社会丑恶现象，树立良好社会道德风尚，当务之急、关键之举和治本之策都在于以宗旨教育为核心，着力加强和改进党员干部队伍的思想政治建设，树立良好的党风政风。而要做到这一步，需要每一个党员干部本着对党和人民高度负责的态度，用实际行动忠实履行党员干部的神圣职责，为广大民众树立正确的社会道德“风向标”。

建立健全有利于抑恶扬善的体制机制

道德与法律尽管作用方式不同，却是相互借重、相互依赖的。当前，面对社会道德生活的困境，要使道德规范深入人心，还应更加注重制度、体制和机制建设，从根本上营造一个有利于民众践行社会主义荣辱观的社会环境。为此，一是着眼推进干部队伍思想政治建设，探索建立起一套符合科学发展观要求的选人用人、政绩考核、行政问责、监督制约等方面的体制机制。二是着眼推进企业社会责任建设，建构与社会主义市场经济相适应的经济伦理，完善社会主义市场经济体制，从经营许可、财务审计、舆论监督、商务监管到政策支持、法律约束等诸多方面，建立健全旨在规范企业经营行为、引导企业良性发展的体制机制。三是推进知识分子品德建设，从根本上遏制和扭转当前知识界和学术界言行背离、沽名钓誉、制假造假的现象，从资格考评、业务考核、内部管理、激励措施、惩戒规定等方面建立健全相关体制机制，为广大知识分子勇于担当社会良知角色提供切实的制度保障。

（原载《人民论坛》2008 年第 24 期）

如何理解"全面"从严治党

全面从严治党是党的十八大以来党中央抓党的建设的鲜明主题。习近平强调，全面从严治党，核心是加强党的领导，基础在全面，关键在严，要害在治。"全面"，是日常生活中我们耳熟能详的词语，可是，具体到全面从严治党这个重大表述中又该作何理解呢？在此，笔者谨结合学习习近平总书记系列重要讲话精神以及十八大以来党中央"管党治党"的生动实践，谈点个人的初步认识。

全主体。马克思主义政党建党治党的一个重要目标在于"四自"，即不断提高"自我净化、自我完善、自我革新、自我提高"的能力，这是全党的共同任务，也是每个党员干部的终身课题。习近平强调指出，从严治党是全党的共同任务，需要大气候，也需要小气候，各级党组织要主动思考、主动作为，通过营造良好小气候促进大气候进一步形成。加强和规范党内政治生活、加强党内监督，是对全党提出的要求，同时是以高级干部为重点，而抓好中央委员会、中央政治局、中央政治局常委会的组成人员是关键。

全方位。思想建设、组织建设、作风建设、反腐倡廉建设和制度建设构成为党的建设总体布局。在这里，全面从严治党体现为抓思想从严、抓管党从严、抓执纪从严、抓治吏从严、抓作风从严和抓反腐从严。而对于党员干部贪腐问题，习近平强调，惩治腐败这一手必须紧抓不放、利剑高悬，坚持无禁区、全覆盖、零容忍。

全领域。“东西南北中、工农商学兵，党是领导一切的”。这句话极其生动地说明了党的领导是中国特色社会主义最本质的特征——党中央对全国人大、国务院、全国政协、最高人民法院、最高人民检察院、中央和国家机关各部门、人民军队、各人民团体、各企事业单位、各社会组织的统一领导。如同当年革命斗争时期毛泽东同志把支部建在连上一样，如今在开放的时代背景下，在发展社会主义市场经济过程中，哪里有党员哪里就要有党组织，有党组织的地方必须按照中央要求切实担负起全面从严管党治党的历史责任。

全过程。全面从严治党，只有进行时，没有完成时。习近平强调，管党治党，必须严字当头，把严的要求贯彻全过程，做到真管真严、敢管敢严、长管长严。对于失职失责，性质恶劣、后果严重的责任人，实行终身问责制。

全时段。党纪严于国法。党员领导干部“八小时以内”和“八小时以外”都要高标准严要求对待自己，工作上确保切实履行岗位职责，发挥党员先锋模范作用；家庭生活上应以德为先，带头弘扬中华民族传统美德，严加管教子女，做社会道德建设排头兵。党的十八大以来，中纪委针对违纪党员干部的监督、执纪、问责力度明显加大。党中央颁布实施的“八项规定”以及《中国共产党纪律处分条例》《中国共产党问责条例》等党内法规就是对此具体的制度保障。

全手段。习近平强调，全面从严治党，要坚持高标准和守底线相结合，既要注重规范惩戒、严明纪律底线，更要引导人向善向上，坚守共产党人的精神追求，筑牢拒腐防变的思想防线。党的十八届六中全会通过的会议公报以及《关于新形势下的党内政治生活的若干准则》和《中国共产党党内监督条例》，是党中央着眼推进全面从严治党，坚持思想建党与制度治党相结合的一个重要安排。

从哲学上看，“全面”是辩证唯物论“两点论”与“重点论”相统一的具体体现。党的十八大以来以习近平同志为核心的党中央治国理政的生动实践说明，全面从严治党已经成为党带领全国各族人民更好地开展具有许多新的历史特点的伟大斗争、实现各项奋斗目标的基本经验和有力武器，我们必须始终不渝地加以坚持和运用。

（原载《中国教育报》2016 年 11 月 17 日）

思想建党：永远在路上

党的十八届六中全会围绕“全面从严治党”这个主题，以习近平同志为核心的党中央站在推进中国特色社会主义伟大事业、推进党的建设新的伟大工程以及进行具有许多新的历史特点的伟大斗争的历史高度，从思想建党与制度治党相结合的角度，对“党要管党、从严治党”的形势、任务和举措等作出了科学分析和战略部署，特别是表决通过了《关于新形势下党内政治生活的若干准则》《中国共产党党内监督条例》两部重要法规，在以新的时代内容丰富和拓展了对于“什么是共产党、怎样建设共产党”的理论认识的同时，进一步夯实了当代中国共产党人战胜未来前进道路上可能预见以及无法预见的困难和挑战，进而带领全国各族人民向着两个一百年奋斗目标矢志前行的思想基础和政治基础。党的十八届六中全会以其独特而重大的历史贡献掀开了中国共产党建党治党的时代新篇章。

“思想建党”只有进行时，没有完成时。这是由马克思主义政党的特质决定的。没有革命的理论，便没有革命的行动。中国共产党是以马克思主义科学理论为行动指南的完全新型的现代政党。它与特殊利益集团的松散集合体——现代资产阶级政党的根本不同在于，它把自己建立在对社会发展趋势的正确把握的基础之上，它用旨在彻底批判资本主义的科学社会主义理论来为自己确立奋斗目标。这就决定了思想理论建设在马克思主义政党的各项建设中不能不居于核心和灵魂地位。纵观中国共产党95年来的发展史，可以说什么时候党形成了以思想路线为核心的成熟思想理论体系，党的事业就会蓬勃发展；反之，党的事业就将遭遇挫折乃至失败的考验。因此，思想建党始终是一个与时俱进的话题，中国共产党人在将马克思主义普遍原理与中国具体实际相结合的过程中，先后创造性地形成了毛泽东思想、邓小平理论、“三个代表”重要思想、科学发展观以及习近平系列重要讲话精神等前后相继而又独立成篇的理论成果，使党成为领导我们事业的核心力量的同时，走出了一条马克思主义政党思想建党的中国之路。马克思主义政党作为一个整体是如此，对于每一名党员也是如此——党员在组织上入了党，不等于思想上入了党；思想入党表现为一个动态发展的历史过程，只有进行时，没有完成时。

思想建党与制度治党统一于马克思主义政党建设的伟大实践。邓小平曾讲，我们党所以能够取得一个个胜利，归根到底是“一靠理想，二靠纪律”。理想信念对应的是思想建党，纪律规矩对应的则是制度治党。如果说崇高的理想信念和价值追求是中国共产党人的“图腾”，那么是否可以将各项纪律、规矩看作是它必须恪守的“禁忌”？“图腾”与“禁忌”看似二元对立，其实在中国共产党人这里是一个事物的两个方面，二者统一于中国共产党自身建设的伟大实践。党要带领广大党员奋斗，就要知所趋赴，为此就必须同时接受一定的纪律、规矩的制约。对于共产党人这样一个以广大群众利益实现为根本价值追求的完全新型的政党而言，党自身没有一丝一毫的私利可言，全心全意为人民服务是它的立党之本、执政之基和兴国之要，加入到其中的每一个党员都应接受与其行为、品格相一致的严格纪律和制度约束。这是由共产党的性质和使命决定的。由此可以说，思想建党和制度治党在共产党人这里本质上是一致的——思想建党是根本、是灵魂、是方向，制度治党是手段、是保障、是条件，植根于党的建设的伟大实践，服从和服务于党的建设伟大工程的宏伟目标。自党成立以来特别是延安时期以来，这其实是党的建设的一条成功经验，党的十八大以来表现得更为自觉。

思想建党重在理论创新。思想建党，就党自身而言，实质上是党的指导思想创新发展问题；而党的指导思想的创新发展，内核和关键又在于党的正确思想路线的确立。早在江西时期，毛泽东就在总结大革命失败教训的过程中深刻认识到，中国共产党需要一条“从斗争中创造新局面的思想路线”。直到延安时期，第一代中国共产党人才逐渐从斗争中认识到这条思想路线就是把马克思主义与中国革命实践相统一的“实事求是”的思想路线。“实事求是”思想路线的形成和确立，在根本上保证了中国共产党作为马克思主义政党的理论和政治品格。从此以后，在复杂险恶的斗争环境中，肩负艰巨繁重的历史任务，如何做到坚持党的“实事求是”的思想路线，不断推进马克思主义与中国具体实际相结合，在推进中国社会主义建设和改革过程中，提高全党的马克思主义理论素养，建设一个思想上、政治上完全巩固的马克思主义政党，就成为历代中国共产党人必须回答的时代课题。党的十八大以来，发展面向21世纪的中国马克思主义是全党的一项紧迫而光荣的使命。理论创新每前进一步，理论武装工作就要跟进一步。习近平同志系列重要讲话精神是当代中国鲜活的马克思主义，是指导我们思想的理论基础。做好新形势下的思想建党工作，必须紧紧围绕“全面从严治党”这个主线，深入开展“两学一做”学习教育，推动全党自觉用习近平系列重要讲话精神武装头脑、指导工作。

思想建党本质上是党与群众以及党的宗旨在领袖、组织与党员之间的良性互动过程。列宁指出，“根据马克思主义原则形成的思想一致是用组织的物质统一来巩固的”。将党的指导思想具体化为全体党员的创造性实践活动的过程，同时又以全体党员的新鲜实践经验丰富发展党的指导思想，继而促进党的肌体始终充满生机与活力，有效实现党自身所应追求的奋斗目标和崇高使命。民主集中制是以为人民服务为宗旨的马克思主义政党应有的组织原则。刘少奇认为，中国共产党是按照民主集中制组织起来的统一的有机体，是党的领导者和被领导者的结合体，是党的首脑（中央）、党的各级组织和广大党员群众依照一定规律结合起来的统一体。党在贯彻和执行民主集中制的过程中，塑造和形成党的核心是一个自然的历史过程，它体现为一种组织现象，本质上是一个汇聚思想共识、凝结全党力量的过程，标志着党作为一个社会有机体的成熟与强健。从历史上看，正反两个方面的经验说明，我们这样一个领导亿万人民群众干革命搞事业的大党，不能没有一个值得信赖的坚强的领导核心。党的十八届六中全会确立了习近平同志在全党的核心地位，正是党的十八大以来中国特色社会主义实践发展的客观结果和逻辑必然。

思想建党离不开党性修养这门必修课。习近平指出，党性修养是共产党人的“心学”。世界观、人生观、价值观是党员干部一切言行的“总开关”。切实提高全党的马克思主义修养，打造千千万万个掌握马克思主义立场、观点和方法的无产阶级先锋队战士，是马克思主义政党保持先进性和纯洁性的制胜之道，也是履行党的神圣使命的根本保证。我们党历来强调学习对于思想建党的极端重要性，并且创造了诸多推动和保障学习的机制和制度。毛泽东指出：“我们要建设大党，我们的干部非学习不可。学习是我们注重的工作，特别是干部同志，学习的需要更加迫切。如果不学习，就不能领导工作，不能改善工作与建设大党。”以毛泽东为代表的中国共产党人倡导的学习，历来是以问题为导向的，是以有效分析和解决中国面临的实际问题为指向的。中国传统儒家如王阳明所讲的“知是行之始，行乃知之成”的知行合一思想，在中国共产党人这里则是彻底的唯物主义实践观，即在改造客观世界的过程中改造主观世界。所谓“活到老，学到老”，揭示的正是个体生命的有限性与为人民服务无限性之间的辩证关系。

党的十八届六中全会是以习近平同志为核心的党中央在中国特色社会主义发展处于关键时期召开的一次重要会议，全会确立了习近平同志在全党的核心地位，极大地凝聚了全党共识，集中反映了全党意志，代表了党和国家的根本利益。这对于在新的时代背景下建设一个思想上、政治上、组织上完全巩固的马克思主义执政党，进而带领全国各族人民沿着中国特色社会主义道路，顺利开展具有许多新的历史特点的伟大斗争，推进实现中华民族伟大复兴的中国梦以及维护世界和平和促进人类共同发展，无疑具有深远的历史影响和强烈现实意义。

（原载《中国高等教育》2016年第22期）

规律·党性·导向

无论是革命、建设还是改革年代，对于中国共产党来讲，新闻舆论工作始终是关乎安邦定国、治国理政的重中之重，必须时时放在心头、抓在手上，须臾不可等闲视之。2016年2月19日，习近平总书记就新时期新闻舆论工作的历史地位、时代特点以及改革创新等重大理论和实际问题作了深刻阐释，为我们进一步认识包括党报党刊党网在内的党媒对于全面推进伟大斗争、伟大工程和伟大事业所具有的不可替代的重要作用，进一步做好思想理论武装和传播工作，切实打好意识形态领域攻防战，提供了基本遵循。

把握规律

一切从实际出发，理论联系实际，实事求是，在实践中检验和发展真理，构成党的思想路线的全部内容。习近平总书记“2•19”重要讲话针对新形势下如何做好新闻舆论工作提出的四十八字方针，无疑是对我们党新闻舆论实践经验的高度概括，凝练了当代中国共产党人对新闻舆论工作的本质及其运行规律的科学认识，是马克思主义立场观点方法在新时期新闻舆论工作领域的生动体现。

“笔杆子”关乎党的生命。“笔杆子”是对党领导下的宣传思想文化战线的形象比喻。党的历任领导人无不高度重视“笔杆子”的作用，这实际上既是党因之取得革命、建设和改革胜利的一条成功经验，同时也历史地内化为党的优良传统和红色基因。习近平总书记“2•19”重要讲话之所以引起强烈社会反响并产生深远的历史影响，归根结底在于讲话集中展现了不忘本来、吸收外来、开辟未来的实事求是的马克思主义态度。党的十八大以来，从思想理论战线到网络舆论空间日趋清朗，噪声杂音不断减弱，主旋律与正能量得到高扬，为党的基本路线的深入贯彻实施，营造了良好的思想舆论氛围，不能不说新时期的“笔杆子”在其中发挥了至关重要的应有作用。

人的因素最重要。政治路线确定以后，干部就是决定因素。新闻舆论工作的好坏，宣传思想文化战线的成败得失，说到底还是取决于各级领导干部和广大实际工作者的综合素养是否过硬。革命战争年代，毛泽东同志说过：“如果我们党有一百个至二百个系统地而不是零碎地、实际地而不是空洞地学会了马克思列宁主义的同志，就会大大地提高我们党的战斗力量。”新中国成立后，党的历史方位发生了根本变化，从一个带领人民夺取政权的党一举成为领导全国各项建设的执政的党，环境的变化使得一些党员干部革命意志衰退、学习热情锐减，从而导致出现能力不足、精神懈怠、脱离群众、腐败堕落等危险，这就如同发展起来以后的问题不比不发展时少一样，执政以后党面临的风险和挑战一点也不比革命战争年代少。近年来，党中央率先垂范、自上而下开展群众路线教育实践活动、“两学一做”学习教育等，不断增强各级干部和全体党员分析解决中国实际问题的能力和水平，切实肩负起亿万人民群众的时代重托。在这方面，党媒的同志既是“剧中人”，同时也是“剧作者”，理应在理论学习和理论武装上走在前列、干在实处。

改革创新是必由之路。古人云，日新之谓盛德。党领导下的思想理论以及新闻舆论工作披荆斩棘、一路走来，为革命、建设和改革鸣锣开道、保驾护航，离不开因时而变、自我革新。改革开放以来，与经济全球化背景下中国经济高速发展相伴随，经济结构、社会阶层以及人们思想观念和信息传播方式等发生了巨大变化，与此同时，媒体格局、舆论生态等也在悄然变动之中，以党报党刊党网为主体的主流舆论阵地面临前所未有的冲击和挑战。要有效应对“两个舆论场”的严峻现实，扭转主流媒体边缘化的危险趋势，党刊党报党网必须依托传统地位和资源优势，按照中央关于媒体融合的战略部署，坚持内容为王，努力把握规律性、体现时代性、富于创造性，主动而为，迎难而进，坚定不移地走全媒体发展壮大之路，着力提升自身传播力、引导力、影响力和公信力。

淬炼党性

党媒姓党，这不仅是对党报党刊党网等党的新闻舆论阵地根本属性的界定，更是对党的新闻舆论战线全体工作人员根本政治归属的界定。

党性与人民性根本一致。党媒作为党的思想舆论阵地，是党在新闻舆论战线的耳目喉舌，担负彰显党的主张、传播党的声音的职责和使命。由此而言，说这是党性使然，理所当然；同时也应看到，中国共产党除了最广大人民群众的利益没有自身的任何私利可言，因此可以说，党媒对党负责的同时也就是对人民负责。在这里，党性与人民性不是两回事，实际上二者统一于中国共产党代表的最广大人民群众的根本利益以及为此而从事的各项实际工作的实践进程中。当前，宣传思想文化战线深入学习习近平总书记系列重要讲话精神，把全面从严治党的各项战略举措落到实处，首要的和根本的一条在于牢固树立“政治意识、大局意识、核心意识、看齐意识”，以理想信念建设为支点，以作风建设为切入点，以强身健体为基本着眼点，内化于心、外化于行，着力锻造自身坚强党性，为做好党媒各项工作奠定坚实思想政治基础。

职业与事业融合统一。组织上入党一时一地，思想上入党一生一世。作为在党媒工作的一分子，能否及早从思想认识上确立党媒意识，并以此规范和指引自己的业务工作和个人修为，实在不是一件可有可无的事。追溯中央党刊创刊初期，不少在地方业已有所成就的理论宣传和实际工作者，被安排在党刊编辑岗位上后，他们不仅没有怨言，反而在新的岗位上更好地发挥出自己的才能和智慧，不少同志后来成长为党的思想理论战线的领军人物和骨干力量。其中的重要原因，就在于他们自觉的党刊意识以及强烈的理论工作责任心和事业心。历史不可复制，今天有今天的特定环境和既定条件，但从按照中央要求做好党媒各项实际工作而言，立足岗位，恪尽职守，实为本分所在；如若能够通过本职工作不断收取获得感，能够在个人兴趣与职业追求之间逐渐发现融合点，进而确立为党媒事业自觉自愿奉献聪明才智的价值目标，做到职业与事业的高度统一，当是党性修养的至高境界。

引领导向

包括思想理论在内的新闻舆论工作，作为党和国家之重器，实则是由其自身性质和职能所决定的，除了充当社会信息的集散地和社情民意的汇聚地，还承担着社会舆论的放大器和价值观念的催化器作用，因此，新闻舆论工作天然存在一个“为了谁、依靠谁、我是谁”的问题。

舆论导向反映的是根本利益立场。思想理论与新闻舆论工作属于社会上层建筑的一部分，具有鲜明、稳定的立场原则性和价值导向性。改革开放以来，我国新闻舆论战线总体积极向上，很好地充当和发挥了党的喉舌作用，但也存在一些亟待引起重视和解决的深层次问题，其中之一就是在改革开放和发展社会主义市场经济条件下，商品交换的原则不知不觉地渗透和扩展到思想文化领域，有些媒体在社会效益和经济效益的辩证关系上发生错乱，唯利是图，为拜金主义所获；有的甚至不明是非，稀里糊涂地跟着西方所谓主流舆论跑，不知不觉间成为“普世价值”“公民社会”“历史虚无主义”“历史终结论”等西方错误思潮的俘虏，这说明近年来我国思想文化领域客观存在复杂多变的一面，实际上也是习近平总书记“2·19”重要讲话的一个重要时代背景。当前，国际国内的大形势和小环境互相影响，政治因素和经济、文化等因素相互交织，思想理论和新闻舆论工作更为艰巨繁重。当此之时，深入学习贯彻习近平总书记“2·19”重要讲话精神，强调坚定正确的政治立场和鲜明正确的价值导向，无疑是一次极其重要的“不忘初心、继续前进”的宗旨教育，也是面向新形势新任务，凝聚思想、统一认识，深化改革、推动发展，切实履行党媒职责和使命的一次有力动员。

理论传播以理论武装为目的。媒体大融合、信息大传播的时代，党报党刊党网等党媒，还有没有理论武装的职能和任务，还是不是党在思想文化和意识形态领域的重要阵地？回答当然是肯定的。重申党媒主阵地的地位以及在宣传思想文化工作上担负的理论武装和价值引领职责，是习近平总书记“2·19”重要讲话的重要组成部分。经济全球化的历史背景下，社会信息化、交往互动化、主体扁平化的确是一个潮流，以“两微一端”为代表的新型媒体的崛起就是顺应这一潮流而生的，新闻舆论理论和实践中的“传播”理念被日益广泛地体现和运用到思想理论和宣传文化工作中，这可以说也是大势所趋，但在同时，也使得历史上为我们所熟悉的“理论武装”等有所淡忘和忽视。纵观党的领导人重要讲话以及党的重要文件，“理论武装”依然是党的思想理论库中的重要一员。当前中央提出和部署媒体融合是有效应对诸多现实挑战、把握发展机遇的重要战略举措，全面准确理解和贯彻中央有关精神和部署，重要的一点在于从“理论武装”的高度审视和对待“理论传播”，把“理论传播”看作是“理论武装”在当前时代条件下的一个具体体现和实现方式。当然，信息传播时代，“理论传播”作为新提法、新概念，如何更好地服从和服务于全面提升全党的马克思主义理论素养以及党的治国理政方略，尚须结合媒体融合的具体实践进程，对其理论内涵、运行规律以及方式方法等作进一步研究探讨，力求通过更好的理论传播来推动理论武装。

（原载《先锋》2017 年第 2 期）

“基础在学　关键在做”体现的党性修养方法

党的十八大以来，以习近平同志为核心的党中央决定在全党深入开展“学党章党规，学系列讲话，做合格党员”学习教育，抓住了新形势下党的建设的主要矛盾——建设一个什么样的党以及怎样建设党，体现了中国共产党人薪火相传、生生不息的自我革命精神，尤其是鲜明地提出“基础在学、关键在做”的原则要求，更加突出了我们党对于自身建设问题的彻底唯物主义态度，凸显了依托中华五千年优秀文化传统的当代中国共产党人在党性修养以及为人处世等方面应有的通达智慧和价值追求。

学与思。在求学问道的路径问题上，古人讲究“学”“思”并重、“思”“学”相长，正所谓“学而不思则罔，思而不学则殆”。党的十八大以来，为推动全党“两学一做”学习教育的深入开展，中纪委监察部在其官方网站以及所属媒体上专门开辟《学思践悟》栏目，正是对这种优良学风的传承和弘扬。今天，如何把“学”与“思”的互动充分体现在“两学一做”上呢？首先，还是应该强调“学”，非学无以广才，非学不足以成思。其次，以问题为导向，带着问题“学”。切忌为了“学”而“学”，“学”本身不是目的，以“学”促“思”、以“思”带“学”方为正途；泛泛地、没有重点地“学”也不可行，每个学习者客观上都有困扰自己的各种问题，如果能够有意识地把这些问题带入学习和阅读中，通过有重点、有针对性的学习和阅读来进一步认识和思考这些现实问题的来龙去脉以及解决办法，学习和阅读不仅会变得轻松愉快，也会有实际成效。

技与道。道不远人，“道”就在我们每个人的日常生活和工作中，正所谓道不离技、技以载道。“做合格共产党员”是这次“两学一做”学习教育的着眼点和落脚点，是为“关键”所在。要“做”“合格共产党员”，须明了它的内涵和道理，而“合格共产党员”的问题尽管常讲常新，但其本质和原则始终如一，即“全心全意为人民服务”，此为“合格共产党员”全部内涵之“大道”。“党”作为一个组织体系，是通过千千万万党员而体现的，而党员又是作为社会的一分子，作为工人、农民、知识分子、国家干部、个体工商户等职业岗位而存在的，因此，“做合格共产党员”，首要和基本的要求就是把本职工作做好、把当下的事情做好。历史上的程朱理学推崇“格物致知”，阳明心学在个人修为上主张“于事上琢磨”，其实都包含着“从我做起，从现在做起，从具体做起”的这种由技悟道、由技入道的唯物主义态度。

言与行。以彻底唯物主义为行动指南的共产党人，历来倡导言行一致、表里如一，坚决反对言行脱节、心口不一的主观主义做法。这种知行合一的态度，表现在理论学习上，就是应坚持以用带学、以学促用、学用相长的马克思主义学风。行胜于言。为着分析和解决思想认识和实际工作中的问题和矛盾去读书学习，是一种以实践为旨归的有的放矢的学习，也必然是富有成效的学习；实践第一，理论的、观念的、知识的东西必须时时以当下的实践为准绳，审示和反思自己，检验和发展自己；知行合一的学风还要求我们说到就要做到，要求别人做的，自己首先应该做好。

事与人。做事先做人，做人为根本。中国传统文化中对于“德行”“操守”“气节”的论述可谓比比皆是，无不是围绕如何“做人”展开的。《左传》云：“太上有立德，其次有立功，其次有立言，虽久不废，此之谓不朽。”“三不朽”中，“德”居于首要地位。《大学》有“自天子以至于庶人，壹是皆以修身为本”的论述，“修身为本”可以说是儒家的根本精神。党的十八大以来，中央在全党推行的“三严三实”、群众路线教育实践活动以及“两学一做”教育活动，核心和根本在于修身做人，即“做合格共产党员”。马克思主义政党是彻底的唯物论者，主张在改造客观世界的过程中同时改造主观世界，从而把“立德”“立功”“立言”真正完整地统一于“为人民服务”的社会实践中。中国历史上关于“做人”的不少学说和事例，固然强调“内圣外王”，但终究给人一种道德理想主义的教化面孔，到头来流传于世的所谓“圣贤”，不过尧舜禹汤文武周公孔孟韩愈等少数人。以实事求是为行动准则的中国共产党人，掌握了马克思主义这一伟大的认识工具，把做事与做人统一于为人民服务的社会实践，真正扬弃了历史上种种关于成圣成贤的理论学说，开辟了“六亿神州尽舜尧”（毛泽东语）的人民群众掌握自身命运的社会主义崭新时代。党的十八大以来，习近平同志之所以能够在伟大斗争中成长为全党全国各族人民的核心，重要的一点在于他时刻不忘共产党员的身份，恪守“三严三实”，真正做到了把做事与做人有机统一于为人民服务的实践之中。在当代中国，习近平同志就是我们身边的“圣贤”，是值得八千多万党员在做事和做人方面好好学习的榜样。

（原载《学习时报》2017 年 5 月 24 日）

工作作风要务实

近来，媒体报道一些地方层层分解招商引资任务，逼官造假，引起社会广泛关注。招商引资，繁荣地方经济，本无可厚非，但如果不从实际出发，单凭领导意志和硬性规定，不仅动机可疑，效果也好不到哪里去。

“实事求是”作为我们党思想路线的灵魂，体现在工作作风上就是大力弘扬求真务实精神，真正做到为民、务实、清廉。但令人遗憾的是，脱离群众、损害群众利益的事情在现实中时有发生。有的干部整天忙忙碌碌，关心的多是如何使部门或个人利益最大化，群众的安危冷暖并不是他们的兴奋点；有的也“深入”基层，但往往是“坐着车子转，隔着玻璃看”，这种走马观花式的“身入”，并非“心入”，能否取到真经，让人怀疑；有的对工作也“高度负责”，但往往是为了所谓政绩和形象，大搞上有政策下有对策，甚至不惜弄虚作假，欺上瞒下；有的也很讲规则，但对“显规则”是想着法子绕着走，对“潜规则”则彼此心照不宣，高度默契。诸如此类的问题充分表明，官僚主义引发形式主义，形式主义助长官僚主义，已经成为影响我们事业发展的一大祸害。对此，中央早已三令五申，明文禁止。但为何禁而不止？归结起来，根子在于一些人党性不纯，私欲作怪。

加强作风建设，在务实上下功夫，需要多管齐下，但解决问题的根本还在于牢固树立群众观点，自觉做到深入基层察实情、不图虚名说实话、心系群众办实事。

察实情是发扬务实作风的重要前提。现实中有些干部似乎忘了这一条，他们想问题、办事情，多是习惯于听汇报、看材料，即使到基层也是“葫芦掉到井里——在下边漂着”，谈问题似是而非，讲道理肤浅表面；更有的甚至对群众疾苦漠不关心，对群众的要求麻木不仁。中华民族向来就有重视社情民意的优良传统，很多思想家、政治家都把知民情、顺民意、得民心作为“为政之道”“执政之要”。我们共产党人就更应该扑下身子，深入到群众和实际工作中去作艰苦细致的调查研究，把人民群众当主人、当亲人、当老师，真正成为人民群众的贴心人。

说实话是发扬务实作风的基本要求。丁是丁，卯是卯，有喜报喜，有忧说忧，是我们党一贯的传统和作风。但有些同志却生怕得罪人，遇到问题绕着走，习惯于说套话、空话、大话，甚至说假话，让人听起来似乎决心很大，道理很多，可往往是“工作在会上，干劲在纸上，行动在嘴上”，其结果必然是高谈浪费了很多时间，阔论耽误了许多事情。对此，中央领导同志严肃指出，这种风气如果不纠正，不仅会导致党的路线方针政策无法落实，而且必然会出乱子，甚至出大乱子。

办实事是发扬务实作风的核心内容。群众利益无小事。要把事关群众切身利益的实事办好，好事办实，关键是要心系群众、服务人民。只有时刻牢记全心全意为人民服务的宗旨，把解决民生问题放在各项工作的首位，下大气力解决群众反映强烈的突出问题，下大气力做好困难群众生产生活的工作，我们的党和人民就一定能水乳交融、患难与共，我们的事业就一定能无往而不胜。

（原载《人民日报》2007年1月22日）

保持党同人民群众的血肉联系

我们党的最大优势是密切联系群众，在新形势下面临的最大危险是脱离群众。党的十八届六中全会审议通过的《关于新形势下党内政治生活的若干准则》（以下简称《准则》）和《中国共产党党内监督条例》（以下简称《条例》），贯穿始终的一条根本要求就是保持党与人民群众的血肉联系。

党的十八大以来，以习近平同志为核心的党中央着眼推进“四个全面”战略布局，坚持党要管党、从严治党，在全面从严治党方面相继推出一系列有力举措，极大地凝聚了党心民心，有效维护、巩固和拓展了党的“最大优势”，确保了中国特色社会主义的历史航船破浪前行。当前，落实“四个全面”战略布局，把《准则》和《条例》的各项要求落到实处，必须牢固确立群众观点，坚持立党为公、执政为民，想群众之所想、急群众之所急、办群众之所盼。

深入基层察实情。“没有无能的群众，只有无能的领导”。亿万人民群众是我们党的力量之源，深入开展调查研究、准确把握国情和民意，实质在于拜群众为师、向群众请教。《准则》指出：“坚持问政于民、问需于民、问计于民，决不允许当官做老爷、漠视群众疾苦，更不允许欺压群众、损害和侵占群众利益。”深入学习贯彻《准则》，就是要求我们想问题、做决策、办事情，务必发扬密切联系群众的优良作风，时刻倾听群众呼声，善于集中群众智慧，带领群众攻坚克难。

不图虚名说实话。实事求是要求每一名党员务必知无不言、言无不尽，务必言必信、行必果。群众是最务实的。在现实生活中，对于那些能把党和人民利益放在首位的党员干部来说，为人坦荡真诚、光明磊落是发自内心的自然流露；而对于那些个人利益作祟、山头主义至上者而言，弄虚作假、两面三刀就是其必然表现。真诚不彰势必导致虚假盛行，公心匮乏的反面必然是私欲膨胀。

心系群众办实事。共产党人是动机与效果的统一论者，是“正心诚意”“知行合一”等中国传统文化精髓的真正继承者和弘扬者，主张在改造客观世界的过程中改造主观世界，在为人民服务的过程中实现自身的应有价值。人民群众对美好生活的向往就是我们的奋斗目标。当前，13亿多中国人民正在党的坚强领导下向着全面建成小康社会、实现中华民族伟大复兴中国梦的目标开拓奋进，在各个领域，从国内到国际，从顶层设计到基层实践，有很多矛盾和问题亟待化解，这需要广大党员干部恪守为民之志、常谋利民之事。这是贯彻执行《准则》的要求，更是做好改革发展各项工作、全面建成小康社会的需要。

（原载《学习时报》2017年5月1日）

三严三实：党性教育的时代创新

中国共产党是以马克思主义为理论指导的、完全新型的无产阶级政党，是以实现共产主义、解放全人类为最终奋斗目标的先进组织，她代表了当今世界最先进的生产力和先进文化，一切资产阶级政党的建党治党的指导思想和基本原则，在中国共产党人这里都是不完全适用甚至根本相悖的。中国共产党人坚持在改造客观世界中改造主观世界，通过实践斗争不断探索、积累和发现事物运动变化的内在规律，进而上升为指导自身建设和开拓前进的科学理论，这是她有别于其他任何政党的最为本质的区别，也是中国共产党人必然肩负神圣使命和庄严责任之所在。这个本质规定性决定了中国共产党建党治党的指导思想、基本原则和实施路径的独特性。要言之，即坚持思想建党与制度治党相结合，以理想信念建设为灵魂和方向，以制度治党为路径和保障，全面从严治党，不断提高和增强党建科学化水平，不断巩固和提升党的执政能力和领导水平，确保顺利实现时代赋予的各项历史使命。“三严三实”就是以习近平为总书记的新一届中央领导集体以“四个全面”为指引，立足建党治党的客观实际，总结党性教育的历史经验，提出的具有强烈现实针对性和指导性的战略举措，是党性教育的时代创新。

问题导向：把握当前建党治党的症结

问题就是时代的声音。当代中国正昂首走在民族复兴和建设社会主义现代化国家的康庄大道上，改革发展处于关键时期，国际国内矛盾纷繁交织，战略机遇稍纵即逝。一万年太久，只争朝夕！解决中国的问题，关键在党！党的建设关乎民族兴衰、关乎国家存亡、关乎民生福祉！治国必先治党，治党务必从严！习近平总书记就任以来，以舍我其谁、义无反顾、志在必得的气度，以作风建设为抓手，以理想信念为根本，以强基固本为目标，提出全面从严治党的重大战略部署，在推进党的建设新的伟大工程上迈出了富有时代特色、具有深远历史影响的坚实一步！“三严三实”，看似朴实无华，实则务实管用，因为她抓住了当前困扰建党治党的重要症结，即多年来，一些党员干部作风漂浮，思想言行严重脱离实际、脱离群众，走入了拜金主义、极端个人主义和享乐主义的剥削阶级腐朽思想的深渊，究其原因，根本在于这些人放松、忽视、淡忘乃至反感、抵触世界观改造，逐渐远离了一个共产党人应有的风格和立场，严重背离了党的全心全意为人民服务的宗旨。这种情形任其发展下去，后果自然可想而知。从反对“四风”，到提出“八项规定”，再到“三严三实”，其中贯穿的正是党中央对党建现状的情醒认识，以及对管党治党紧迫任务的深刻把握。“三严三实”，从整顿党的作风入手，着眼点在于通过日常生活的锤炼，锻造党员干部的更加纯正的党性本色，由表及里、由外及内、由点到面，体现了标本兼治的辩证思维和战略眼光，必将对新的历史条件下建设一支思想上组织上完全巩固的马克思主义政党产生不可估量的影响。

红色基因：秉承党的优良作风

中国共产党在长期的革命和建设过程中创造和积累了一系列行之有效的优良传统和作风，历经岁月磨砺，早已积淀为代代相传的红色基因。自觉认识和激活这些红色基因，正是党的肌体永葆生机与活力的固本之道。“三严三实”，语句极其普通，看似缺乏新意，而这正是她的本色所在！真佛只说家常话！毛泽东的《纪念白求恩》《为人民服务》《愚公移山》（老三篇）不都也是用老百姓熟知的语言讲的大道理吗？“三严三实”的道理并不深奥，也不需要深奥，简单的道理谁都知道，但关键在于行动，在于持之以恒、惕厉不已地去践行。习近平总书记在当前时代背景下畅言“三严三实”，无疑是旗帜鲜明地对党的优良传统和作风的继承和弘扬，但同时也赋予了其鲜明的时代特色。

中国智慧：扬弃中国传统修为之道

“三严三实”，既讲修身律己，也讲为人处事，贯穿和体现的正是中国传统修为之道中的“知行合一”精神。知是行之始，行是知之成。知易行难还是知难行易，本质上不是一个理论和认识问题，而是一个实践和行动的问题。马克思讲，科学社会主义理论根本上不是为了解释世界，而是为了改造世界。这个世界包括客观世界，也包括主观世界。共产党人倡导在改造客观世界的同时改造主观世界，倡导在造福社会、奉献他人的同时锻造品性、升华境界。中国传统讲“内圣外王”，共产党人也讲在无限的为人民服务之中实现自身价值。当前，秉承中国传统修为之道，落实“三严三实”，根本还在于按照《党章》以及党规党纪的要求，遵从国家法律，切实履行一个共产党人应有的义务和职责，从当下做起，从我做起，投身中国特色社会主义伟大事业的历史洪流。这应成为每一个中国共产党人的情怀和追求！

（写于 2016 年 12 月 20 日）

不断提高反腐倡廉制度执行力

改革开放以来，我们党加大了反腐倡廉工作力度，扎实推进惩治和预防腐败体系建设，在干部选拔制度、干部管理制度、权力分配制度、权力制约体制、权力监督体制以及权力运行机制等方面取得了明显成效。但是比较而言，我们在制度的执行力上则相对匮乏。现实中，有些地方、有些部门往往是制度有了，却因为制度执行不力而导致有令不行，有禁不止；有些问题，中央三令五申，但是腐败案件还是居高不下，特别是有的高级干部因此落马，教训深刻。

分析起来，原因大致有三个方面。一个是受现实利益的驱动，搞上有政策，下有对策，对自己有利的就执行，不利的就推三阻四，甚至是阳奉阴违、欺上瞒下。一个是遵奉所谓“潜规则”行事，不顾党纪国法，常使违反制度者得益，执行制度者受损。再一个就是情大于法，裙带关系严重，难免使那些讲规则、讲公平、讲公正的制度，遭遇各种阻碍。制度是抽象的，更是具体的，归根到底是要靠人来执行，如果执行总是打折扣，再健全再完善的制度也只是墙上画虎，成为摆设。因此，各级党委、政府和纪检监察机关要把提高制度的执行力作为时刻放在肩头的重要职责。

制度的制定要科学、慎重。对制度的遵从，往往是从慎重进行制度建设开始。草率地建与废，常常导致人们对制度的不敬畏与不尊重。有的地方出台的法规和规定，未能充分考虑客观条件、前因后果，往往是朝令夕改，这本身就是对制度的不尊重，削弱的是制度的严肃性与权威性。制度建设的相对较长的过程，恰恰是倡导人们放弃旧思想、接受新观念的过程，也是让人们在制度文化氛围中接受熏陶的过程。制度建设的慎重，受其本身所必须遵从的程序、规则的制约。比如，制度不能“闭门造车”，而应当建立在充分调查研究的基础之上。公共制度建设要有公共决策的机制，最大限度地做到科学化、民主化，最广泛地听取各方面意见，允许充分讨论。

领导干部要身体力行、作出表率。中国传统文化强调“其身正，不令而行；其身不正，虽令不从”。对于共产党的干部来讲，时时处处起到模范带头作用，是党性原则的基本内涵，也是完成各项工作任务的客观要求。全党特别是中高级领导干部是提高制度执行力的关键所在，领导干部首先在思想上要有制度意识，牢固确立在制度面前没有特权、制度约束没有例外、制度贯彻没有变通的意识，不能因为级别高、权力大就可以践踏制度、可以漠视制度、可以肆意违反制度、可以不去在落实制度细节上花功夫，否则就会使制度执行复杂化，从而导致制度执行力大幅降低。各级党委、政府和纪检监察机关不仅是制度的制定者和执行者，更是制度执行的组织者和监督者，要切实加强制度执行的组织领导和监督检查，保证反腐倡廉各项制度得到切实执行。

加强宣传教育。着力引导领导干部带头学习制度、严格执行制度、自觉维护制度，在全党进一步增强制度意识，筑牢遵纪守法的思想认识基础。制度的执行，需要领导干部以身作则，通过制度的宣传教育，使广大党员干部了解制度，在全社会营造执行制度的良好氛围。领导干部更要充分发挥自身的示范和引导作用，自觉带头遵守和执行制度，同时要认真抓好分管部门和单位的制度落实。

抓好监督检查。没有有效的监督，就不可能有执行力。当前，少数党员干部作风不正，形式主义、官僚主义问题比较突出，在执行有关制度上，个别领导干部搞“特殊化”，存在偏差，追究责任“追下不追上”，处理问题“对下不对上”，这些都极大地影响了反腐倡廉制度的执行。产生这些问题的深层次原因，是权力过于集中又得不到有效约束，关键是有些制度不够完善，有些制度落实得不好。加强反腐倡廉建设，健全制度很重要，提高制度执行力和约束力更为重要。改变这种局面必须在监督检查上狠下功夫，通过严厉查处提高制度的执行力。这就要求我们不断拓宽、创新监督渠道，特别是新型监督平台网络的作用，将制度的贯彻、权力的运行公开，发挥不同监督平台和手段的合力；同时强调制度执行过程中信息收集、反馈的作用。这样的好处就是提高制度执行的可操作性，及时总结、分析、纠正制度执行中的偏差，及时对有令不行、有禁不止、随意变通、恶意规避等严重破坏制度的行为给予惩处，真正使制度在阳光下运行。抓好监督检查，还应进一步重视对领导干部问责机制的建设。这些年中央加大了对干部的问责力度，出台了《关于实行党政领导干部问责的暂行规定》，这是反腐倡廉建设一项重要的制度化成果。同时应该看到，对党政领导干部问责，不仅要依靠党组织的作用，而且要增大民主的力量和法治的力量。只有从制度层面促使各级领导干部牢固树立人民至上的观点，才能真正做到把人民利益看得高于一切，把领导责任看得重于泰山，从而减少和防止腐败现象发生。

发挥廉政文化的作用。制定和执行制度，是社会管理的一种形式。制度是刚性的、有棱角的，再完备的制度体系也会存有空白和死角，需要有柔性的文化来补充。中国传统文化十分注重人与人、人与社会之间伦理道德的构建，强调以“德”来教化人生，以“仁”来教化社会，伦理道德既是社会整体的价值取向，又是社会成员的行为规范。借鉴传统文化中一些有价值的廉政思想，对于营造廉政文化的氛围、提升领导干部廉洁自律的自觉性，有着不可忽视的积极意义。因此，要坚持制度建设与廉政文化建设并重，充分发挥文化的作用。在制度建设中，始终把人的因素放在中心位置，在开发人的智力，挖掘人的潜能，提高人的素质上狠下功夫。根据文化建设的基本要求，结合当前我国社会管理体制、组织形式、经济结构的新变化，使各类规章制度更好地体现社会主流价值观和精神风尚，通过设计和培植一种独特的廉政文化，形成一种良好的社会环境，规范、协调和激励全体社会成员的行为。

（原载《中直党建》2010 年第 12 期）

第四章 文化与中国

中国是一个文化的国度。认识和理解中国的昨天、今天和明天，必须从文化入手，洞悉中国文化的基因，破解文化中国的密码，找寻中国特色社会主义文化建设的内在规律，重拾中华民族应有的文化自信。

实践本位与文化选择

学习借鉴西方文化，有一个对西方文化的基本态度和认识问题，即如何看待西方文化。这就涉及到文化观问题。要解决社会发展问题，不能仅从文化或者思想观念入手，而是要着眼于变革这个社会的经济基础；即使是文化本身的问题，也不能就文化谈文化，也要从经济基础乃至生产力发展上找原因、寻出路，否则，很容易陷入文化决定论的泥沼。

近代中国百年以来的“古今中西”之争走入了一个严重的误区，即从文化本身来判别其先进与落后与否。

1840年鸦片战争以后，西方文化长驱直入，中国传统“礼崩乐坏”，由此拉开了延续至今的中外文化的碰撞和融合的历史帷幕。如何认识和对待强势的西方文化（西学），成为当时的中国人回避不开的问题；面对西方强势文化的冲击，中国的传统文化（中学）何去何从，成为回避不开的又一个问题，“中西”比较引出了“古今”问题。在对中西古今的比较中，产生了新的文化观，主要有“西学中源”说、“中体西用”说和“中西会通”说。毫无疑问，“西学中源”说牵强附会，明显不能成立。“中体西用”论最早由洋务思想家冯桂芬提出，即“以中国之伦常名教为原本，辅以西国富强之术”。郑观应说：“中学其本也，西学其末也；主以中学，辅以西学。”演变到后来，张之洞的《劝学篇》围绕着“中体西用”展开，表面上调和新旧，作持平之论，实际上旨在反对兴民权。与戊戌维新运动的兴起相伴随，“中西会通”说开始出现。严复提出建立新的文化应该是“必将阔视远想，统新故而视其通，苞中外而计其全，而后得之”。进入20世纪特别是民国后，又陆续出现过“国粹主义”“东方文化优越论”“新旧调和论”“全盘西化论”“中国本位文化论”等形形色色的文化观。梁漱溟在当时属于“本位文化”派，陈独秀、胡适等属于“全盘性反传统”派，两派论争的要旨是中西文化的孰优孰劣问题。这些文化观由于没有看到造成中国落后的真正原因在于封闭的封建生产关系以及腐朽的皇权专制主义，只是寄希望于以文化改造中国，试图走文化救国之路，不可避免地走入了文化决定论的窠臼，因此表现在各自的文化观点上就是或流于保守，或偏于激进，总是不切中国的实际。

从马克思主义文化观来看，无论是“中体西用论”，还是“西学中源论”，无论是“全盘西化论”，还是“国粹论”，都属于“文化决定论”和“文化形式体用论”的范畴。所谓“文化决定论”就是指在处理文化问题与经济、政治问题的关系上，把中国的问题归结为文化问题，企图从思想文化领域中寻找解决中国出路的方案，因而忽视甚至否定经济形态、政治制度变革的迫切性和重要性。所谓“文化形式体用论”是指以地域的、民族的和语言的等文化形式上的差异为根据来对文化作出评判和取舍。这些理论虽然在一定程度上对中外文化持有合理的批判和不乏独到的见解，但在总体上都因过于注重文化形式，而对文化成为文化的真正动因——物质生产方式鲜有涉及，故而远离了唯物主义，不自觉地走向了唯心主义的文化观。

文化之优劣长短最终还是要由活生生的社会实践来说话，离开了一定的社会实践，文化本身的长短既说不清楚，也没有实际意义。学习借鉴外来文化，要始终以现有的生活土壤和实践基础为基本着眼点。一般来讲，对于文化的学习者和引进者来讲，往往比较关注外来文化的先进性，害怕将国外落后的垃圾文化弄过来。这种良好的愿望可以理解，但实际上行不通。文化的学习和引进，说到底是一种生产和生活实践层面的运用与践行，起决定作用的不仅在于选择者的价值判断和基本素质，更在于具备一定的社会生活土壤和实践条件。正是因为一定的社会生活土壤和生产实践条件的存在，历史上的佛教文化比较易于在亚洲传播，而基督教文化的市场则主要在欧美；近五百年来，那么多传教士在中国长期播植基督教“福音”，始终收效甚微，其根本原因在于中国缺少基督教文化生长的沃土。

近代以来中国知识界对待西方文化所以长期陷入“文化决定论”的误区，症结也在于他们没有很好地去考察中国社会经济的基本结构及内在需要的情况下，就急着去引进西方时髦的思想文化，结果必然造成西方思想文化的“舶来品”与中国经济基础的严重脱节。譬如，梁启超于1919年到欧洲经过一年多的实地考察后，深深为柏格森主义等旨在纠正现代化弊病的后现代思潮所感动，返回中国后就提出了“东方文化派”的新理念，企图像欧美那样用“后现代”的东西去解决中国的问题。实际情况是当时的中国还徘徊在“现代化”进程之外，没有“现代化”，何谈“后现代”？！这典型地说明了，如果离开特定实践的需要谈论外来文化，不仅是孤立的、抽象的，也是没有实质意义的。

建设和谐文化，本质上是一个实践问题，是一个立足于当前实际不断进行创造的过程。亿万人民群众建设中国特色社会主义的伟大实践，是当代中国社会主义和谐文化发展的深厚土壤，是社会主义和谐文化的生命所在，也是我们检验一切文化因素长短的唯一标准。离开了建设中国特色社会主义实践，文化建设就会丧失评判标准，对于精华与糟粕并存的民族文化和外来文化，究竟哪些需要继承和汲取，哪些需要摒弃和拒绝，就根本说不清楚；离开了建设中国特色社会主义实践，文化建设就会迷失方向，对自身的地位、性质和功能，就会懵懵懂懂；离开了建设中国特色社会主义实践，文化建设就会成为无源之水、无本之木，从而失去生机与活力。展望未来，可以肯定：文化建设只有自觉立足并服务于建设中国特色社会主义的实践，才会获得雄厚的物质技术基础，才会获得坚强的政治保证，才会获得取之不尽、用之不竭的源泉。

（原载《社会科学报》2006 年 11 月 2 日）

探寻文化复兴的源头活水

人类文明发展史表明，异质文明之间的交流、磨合乃至冲突、碰撞，正是文明发展演进的常态。近代以来，在机器大工业的推动下，世界不同文明之间的交流、交融和交锋，正在空前广阔的时空中展开。这个壮阔的历史进程目前还只能说是刚刚开始。具体到中华文明的现实处境及其未来命运上，在这一从古未有的文明大交流中，我们应有所担当、有所把握，进而有所作为。

古与今：接续传统，推陈出新

“周虽旧邦，其命维新。”“苟日新，日日新，又日新。”儒学宗师孔子祖述尧舜、宪章文武，目的不在于复古、守旧，也不是为立言而“立言”，而是周游列国，身体力行，实现重构社会秩序的理想。后期儒家的发展，如西汉董仲舒，面对汉初统治阶级治国理政的迫切需要，以诠释“春秋公羊学”入手，建构起以“天人感应”“天不变，道亦不变”为核心范畴的儒学体系，开创了孔孟之学的“经学”时代。魏晋时期，社会大变动，民族大融合，文化大交流，此时印度佛学传入东土后风头正劲，传统纲常名教无力维系世道人心，“名教”与“自然”之争遂成为这一时期哲学思想演进的主轴——曹氏父子的“建安文学”、竹林七贤的“越名教而任自然”、王弼创造性解注《老子》等，意在借古喻今，具有强烈现实指向。隋唐三百年，大乱大治，人心思定，儒道佛互有消长，韩愈力推“古文运动”，《原道》《原儒》尊崇儒学、力排佛老，文起八代之衰，实为一代宗师。赵宋立国，重文抑武，在理论创造上，周敦颐、张横渠、二程、朱熹接着韩愈往下讲，“出入于佛老而复归于儒学”，援佛入儒，由“道”入“理”，由此开启了儒学发展的“程朱理学”阶段。

近年来有学者力主“崖山之后，已无中华”的说法，如果说数千年“华夏”传承仅仅系于“士人”阶层的话，那么随着这个相对独立的社会阶层的式微抑或消亡，华夏文化应该说也会随其消亡，然而，正像后人看到的那样，文化上落后的草原民族入主中原，不管是主动还是被动，最终都以服膺中华文化为归宿。

这一文化宿命一直到近代西方文化的强势来袭才被打破。何以至此，又如何突破？晚清重臣张之洞力倡“中学为体，西学为用”之说，终难脱新瓶旧酒之嫌。五四新文化运动的主将陈独秀等以“救亡图存”为急务，倡导“科学与民主”，与以维护传统延续为使命的丁文江等形成“科玄之争”。熊十力、金岳霖、冯友兰、钱穆等新一代学人致力于整理国故、返本开新，已然成为当今中西文化全面交流碰撞的时代背景下，探寻中华文化走向新生的一个重要现象。

中与西：开放交流，综合创新

近年来，随着改革开放打开国门的历史新机，世界对于中国文化的兴趣明显增强，开始关注和研究中国迅速崛起背后的文化动因。

考古发现证明，中国有文字记载的历史可以上溯到殷商盘庚时期，文明滥觞应该更为久远。相比于古埃及、古巴比伦、古印度以及古希腊文明，中华文明从远古一路走来，历经挑战，九曲百转，却始终奔腾向前，从未中断。何以至此？这不能不说与中华文明与生俱来的理性务实、博大平易、厚德包容的胸襟有直接关系。中华文化的这一特点被有些学者称之为“实用理性”，显然是想借此与西方文化的“工具理性”有所区分，但也容易造成中华文化功利、短视的印象。实际上，中华文化有别于其他世界文化传统的地方，在于它特有的“人文”情怀，在于它讲究不偏不倚的“中庸”立场。在中华文化史上，“华夷之辨”不绝于耳，但最终还是走向兼容并包、多元一体。多次、反复的文化撞击和冲突，锻造和锤炼了中华文化吸纳包容、和而不同、刚柔相济的品格。“不打不相识”，人是如此，文化也是如此。没有不同文化的交流和碰撞，就没有文化的更新和蜕变，就没有社会的进步和发展。

中华文化从来不怕异质文化的冲突，怕的是面对强势的西方文化，我们失却应有的文化自信和文化自觉，怕的是面对艰巨繁重的历史任务，我们迷失应有的战略定力和发展方向。如今，中西方文化正面碰撞正在全球化的世界舞台上蓬勃展开，中国综合国力的空前提升极大地振奋了国人士气，中华民族复兴的曙光已然显现，中国人在追求美好生活的同时也在为全人类贡献力量和智慧。然而，我们更应警醒的是，一部中华文化曲折发展史深刻表明，异质文化之间的交流、交锋、交融是一个长时期的历史过程，尤其是面对源于古希腊罗马文明、与中华文化相反相成的西方文化形态，可谓是狭路相逢。面临着既要增强文化自信，同时也要务实开放、学习借鉴的双重历史任务，可谓任重道远。从未来发展看，民族复兴的壮阔洪流为中华文化走向新生提供了物质基础，而中华文化的重构和新生则将成为民族复兴的历史标志；中华文化能否在这场空前深刻而广泛的文化交流、交锋、交融中实现自我更新、凤凰涅桀，关系到中华民族的前途命运，也关系到世界的根本走势；中西方文化的交流碰撞是客观的历史过程，确保这个进程顺利运转，出路在于秉持平等互利、开放合作的态度，任何过于强调自身主体性和优越性的态度及做法，都将被历史无情地宣判为狭隘和自私的偏见。

文化“大同”是人类“大同”社会的一部分，本质上是一个不同文化样式和文明形态交流互鉴、氤氲消长的历史过程。全球化时代人类文化新形态既不会是西方文化的独霸一方，也不会是中国文化或印度文化、伊斯兰文化、非洲文化一花独放，和而不同、美美与共作为文化交流互鉴的基本原则，已经深刻揭示了人类文化发展的根本指向和必然归宿。而这一原则的真正贯彻和最后实现，其实也正是中华文化真精神的传承延续和发扬光大。从这个意义上讲，中华文化复兴关乎世界文化乃至人类的前途命运，并非痴人说梦。

知与行：实践第一，理论创新

问题是时代的声音。解决问题的办法，只能从问题本身寻找。一定的文化是以一定社会的政治经济活动等为物质基础的。那种离开国计民生，抛却当下国人的精神状况，就文化谈文化，不仅不会有结果，反而有害。一言以蔽之，中华文化植根于中华民族数千年来追求美好生活的深厚社会土壤，复兴中华文化也必须自觉服从和服务于中华民族生生不息的历史洪流，才会有坚实的物质基础和社会前提。

历史上能够称得上硕学鸿儒的文化中坚，无不是有着强烈的家国情怀，孜孜于济世救民、匡扶天下。孔子有所谓“君子儒”“小人儒”之分，讲的是“兼济天下”与“独善其身”的区别。在治学上，孔子还讲“为己”与“为人”的不同。近代以来不少学人学贯中西，尽管渊源有自、观点各异，但皆秉承“天下兴亡，匹夫有责”的“士”之精神，不管是“居庙堂之高”，还是“处江湖之远”，皆能以天下苍生为念，怀揣“兴灭继绝”的信念，以整理国故、弘扬传统为己任。这是数千年来中华文化得以薪火相传、屡开新境的重要动因。

当代中国，正在民族复兴和现代化的道路上疾步前行，文化建设的任务尤为紧迫。如何站在前人的肩膀上更好接续传统、返本开新，以及如何以开放的胸襟学习借鉴、综合创新，一个不能背离的根本点应该还是在于坚持学以致用、知行合一。这不仅仅因为知行合一是一个极其重要的治学方法，更重要、更根本的在于它其实正是中华文化的真精神所在。

（原载《学习时报》2014 年 10 月 6 日）

论和谐文化

和谐文化的时代内涵

和谐文化是以社会主义制度为基础，以马克思主义为指导，立足现实，面向时代，与中华民族悠久深厚的和谐传统相承接，与构建社会主义和谐社会要求相适应的思想文化形态。和谐文化具有先进性、时代性、现实性、民族性和继承性的特征，反映了中国特色社会主义发展方向，是社会主义先进文化的重要内容。

和谐文化的实践基础

从唯物辩证法的观点看，社会主义观念、运动和制度都蕴含着辩证统一的原则和精神，而和谐在最深刻的层面揭示了社会主义基本矛盾运动的性质，反映了现实社会主义制度、体制和机制运行的基本态势，代表了生活于社会主义社会的人民大众应该普遍具有的精神风貌。在社会主义社会，由于生产力与生产关系、经济基础与上层建筑在根本上是适应的、和谐的，因此人们将自觉遵循社会基本矛盾运动的规律，通过大力发展社会生产力，不断改革生产关系和上层建筑领域与生产力发展不相适应的因素和环节，逐步消除阶级之间、城乡之间、脑力劳动和体力劳动之间的对立和差别，最终达到人与自然之间、人与人之间、身心之间的高度和谐也即每个人自由而全面发展的自由王国。这是和谐文化的最深刻的实践基础。

和谐文化的理论基础

和谐是人类进入文明时代以来就产生的一种社会理想，它体现的是人们对物质和精神生活的终极价值追求，但是，只有马克思主义才指明了实现和谐社会理想的正确途径。马克思主义是我国建设和谐文化的理论基础和行动指南，和谐文化的灵魂是辩证唯物主义和历史唯物主义，其世界观和方法论的集中体现就是唯物辩证法。

和谐文化的核心价值

以人为本是和谐文化的核心价值。在构建社会主义和谐社会的框架下建设和谐文化，其核心要求是以人为本，其基本原则是坚持以人为本。首先，以人为本，就是要始终面向人民大众，以不断满足最广大人民的精神文化生活需求为根本出发点和落脚点，切实保障最广大人民的文化权益，使文化发展成果惠及全体人民，努力促进人的全面发展。其次，在科学发展观中鲜明地提出坚持以人为本，是党中央继承和发展党的三代中央领导集体关于发展的一系列重要思想，从新世纪新阶段党和国家事业发展全局出发提出的重大战略思想，深刻反映了我们党对发展问题的高度文化自觉。

和谐文化的基本特征

从社会主义先进文化建设的实践历程以及和谐文化建设的目标要求上看，和谐文化的基本特征应包括多元互补、兼容共存、和谐有序、活而不乱等内容。多元互补，是指整个社会的文化既有多姿多彩的文化个性，又在服务于现代化建设目标下互相补充，既有展现各个阶层、各个群体、各种不同素质的文化主张，更有体现全社会、全民族共同要求的核心价值观和主导文化形态；兼容共存，就是社会的不同文化主体和要素能够相互兼容、相互协作，在和谐当中共同发展；和谐有序，主要是指社会文化结构自身的和谐，各种文化资源、各种文化门类和各种文化要素之间都是开放的、流动的，总的运动态势体现出一种由低到高、由个别到特殊再到一般的特点；活而不乱，就是在社会主义和谐文化的生态系统中，各种不同形态、不同层次的文化都有足以维持自身生存、获得充分发展的一定空间，在这个生态系统中，各个不同形态、不同层次的文化之间有竞争，也有冲突，但在社会政策的科学引导下完全能够保持必要的张力，不使这种竞争乃至冲突无原则地升级为你死我活的倾轧。

和谐文化与和谐社会

和谐社会要求有与其相适应的文化形态；和谐文化为和谐社会提供精神动力、思想保证和道德基础。和谐文化是中国特色社会主义发展到构建和谐社会的历史阶段的价值原则、基本特征和实践要求的集中反映，因此，社会主义和谐文化既是构建社会主义和谐社会的重要内容，也是其重要条件。和谐文化为和谐社会的构建提供文化支撑，和谐社会建设需要和谐文化来维系、浸润、引导和推动。当前，和谐文化建设的一个根本要求就是要把建设和谐文化作为宣传思想战线一项十分重要的任务，紧密联系和谐社会建设的实践，坚持用马克思主义中国化的最新成果武装全党、教育人民，用建设中国特色社会主义的共同理想统一思想、凝聚力量，用社会主义荣辱观引领社会风尚，以形成万众一心、共创和谐的强大力量。

和谐文化建设是建设诚信社会，构筑和谐社会道德基础的需要。诚信是友爱的基础，是和谐社会的基石和出发点，也是和谐社会的落脚点。改革开放特别是发展社会主义市场经济以来，人们的思想认识、价值观念等有了比较大的变化，其中一个值得忧虑的现象是社会诚信危机。诚信危机的出现说明我们在大力从事经济建设的同时必须重视和加强社会道德和思想文化建设。反映在经济领域，就是近年来我国因失信导致合同失效现象频繁出现。从政治文明建设的角度看，政治活动如行政管理的顺利进行，也离不开管理者与被管理对象之间的诚实信用。和谐社会强调建设社会主义政治文明，政治文明的内容包括民主政治、依法行政、消除腐败等，其中都渗透着对政治活动参与者之间的诚信要求。

和谐文化建设的根本着眼点是不断满足人民群众日益增长的精神文化生活需求。20世纪80年代初以来，我国的政治、经济体制改革不断深化，经济发展速度不断加快，人民群众的政治利益和经济利益要求在不同程度上得到了实现。在物质生活得到基本保障以后，人民群众的精神文化需求迅速增长，社会的文化服务与文化产品的供给与需求的矛盾十分突出。因此，我们应从构建社会主义和谐社会的历史高度，把文化建设放在更加重要的位置来抓，以和谐文化建设为载体，加强基础文化设施的建设，为广大群众的文化活动提供有力的支持和保证，大力发展教育、科技、文化事业，为人民群众的全面发展创造良好的条件，大力发展文化产业，创作、生产出更多、更好的文化产品，满足广大人民群众对精神文化产品的强烈需求。

和谐文化建设是着眼于改革稳定发展大局，最大限度地化解矛盾、凝聚人心，确保国家长治久安的需要。和谐社会不是没有利益冲突的社会，也不是没有矛盾的社会。构建社会主义和谐社会就是通过对各种利益关系、社会矛盾的调整和处理来实现社会的和谐。调整利益关系，化解社会矛盾，需要相应的社会机制，也需要相应的社会文化。社会越是向多样化发展，就越需要发挥文化的调节和整合作用。这种文化调节和整合的过程，本身也是构建和谐社会的过程。通过建设和谐文化，引导人们用正确的立场、观点和方法去观察社会，培养人们用宽容的态度看待和处理各种问题，有助于避免思想认识上的片面性和极端化，形成尊重劳动、维护公平、相互关爱、团结互助的社会风尚。

和谐文化与先进文化

和谐文化是先进文化建设的现实要求和具体体现。和谐文化本身既是社会主义先进文化的重要组成部分，同时又是建设社会主义先进文化在当前的迫切要求。在当代中国，建设和谐文化，实际上就是发展社会主义先进文化，而发展社会主义先进文化，就要着力建设和谐文化。通过大力建设和谐文化，营造和谐的社会氛围，为和谐社会培育必需的社会环境，用和谐文化培育人、塑造人，丰富人们的精神生活，提升人们的精神境界，引导人们树立和谐的思想观念和思维方式，使和谐的理念成为全社会的重要价值取向，使和谐文化与和谐社会的构建相互交融、相互促进、共同发展。

始终围绕维护和巩固马克思主义在意识形态领域的主导地位，打造全民族的共同理想和精神支柱。和谐文化的一个重要功能在于它能以共同的理想和精神支柱，最大限度地凝聚起全社会的力量，向着民族振兴、国家富强、人民幸福的宏伟目标阔步前进。一个国家、一个民族，如果离开了共同理想和精神支柱，无异于一盘散沙。马克思主义是从根本上揭示了自然、人类社会和思维发展规律的科学理论体系，是指导我们认识世界、改造世界的强大思想武器，是人类精神文化的瑰宝，是和谐文化的灵魂和核心。在新的时期，我们要坚持用马列主义、毛泽东思想、邓小平理论和“三个代表”重要思想指导文化建设，积极探索中国特色社会主义经济、政治、文化的发展规律，用在新的实践经验基础上形成的新的理论成果，丰富和发展马列主义，不断推进理论创新，不断创造新的符合时代发展要求的和谐文化。

注意继承和弘扬中国传统文化中的和谐思想。和谐社会的内涵具有深厚的传统文化底蕴，追求、崇尚和谐，是我国传统文化的基本精神之一，是我国传统哲学的基本范畴，也是我国古代重要的社会、政治理念。2005年9月28日，全球华人公祭孔子的祭文中写道：千年儒流，今古汇通；天人合一，与时偕行；仁者爱人，和而不同；阴阳和谐，执两用中；和生万物，万物和兴；天道和用，地势和行；家国和睦，世界和平。这是对中国传统文化中的和谐思想及其新发展的最好阐述和注释。中国传统文化中的和谐思想，表现在思维方式上，就是和而不同，同则不继；表现在处理矛盾的方式方法上，不是仇必仇到底，而是仇必和而解；表现在人与自然的关系方面，就是追求天人合一，主张人类应当认识自然，尊重自然，顺应自然，与自然和谐相处；表现在民族与民族、国家与国家的关系上，强调协和万邦，主张不同的民族和国家应和睦共处、亲密友好；表现在人际关系方面，就是强调和为贵，提倡宽和处世，协调团结。孔子提出的以宽厚处世、协和人我的理想人格，就是为了要创造和谐的人际环境。孟子的天时不如地利，地利不如人和，则集中表达了对人与人和谐关系的追求。中国文化传统中这种内容丰富、底蕴深厚的和谐思想，为我们今天大力建设和谐文化提供了宝贵的思想资源。

优先发展教育科学文化事业。教育科学文化建设是文化建设的一个重要方面，也是和谐社会的基本要求。教育的目的不是按照标准化的模式流水线式地造就没有个性、没有思想和理性思辨的绝对服从的标准化的人，而在于不拘一格培养富有创造力的、充满理性精神的人。爱因斯坦说，学校应该永远以此为目标：学生离开学校时是一个和谐的人，而不是一个专家。普及科学知识，培育创新思维，有助于人们确立破除迷信、解放思想、追求真理、实事求是的科学精神，从而更好地认识世界和改造世界。

和谐文化与和平发展

和谐文化是中国古代“礼之用，和为贵”精神的当代体现，既体现为构建和谐社会，同时也体现为努力实现海峡两岸的和平统一以及致力于建设一个和谐世界。从中国奉行的外交理念上看，社会主义中国历来把维护世界和平和促进人类共同发展作为自己的神圣使命。我国长期以来倡导的和平共处五项原则体现着和谐世界的理念。2005年，胡锦涛同志在亚非峰会上首次提出了建立和谐世界的主张。社会主义中国和谐世界理念的深刻内涵可以阐述为这样几点：高度重视发展社会生产力和提高人民的物质文化生活水平，致力于促进人类进步事业；通过总结实践经验，走出一条科学发展之路；奉行独立自主的和平外交政策，根据事情本身的是非曲直确定自己的立场；坚定地维护世界和平，是国际体系的参与者、维护者和建设者；坚持与邻为善、以邻为伴，做周边国家的好邻居、好伙伴；主张和平解决争端，在处理热点问题上发挥建设性作用；积极参与反恐和防扩散合作，努力维护全球安全与战略稳定；切实履行加入WTO承诺，致力于建设公平、自由的国际贸易体制；认真落实联合国千年发展目标，向发展中国家提供真诚无私的援助；奉行防御性的国防政策，推进国际裁军和军控事业。

和谐文化与文化自觉

和谐文化的提出，是当代中国共产党人在社会主义先进文化建设上的一次新的觉醒，标志着我们党对社会主义文化建设规律的自觉认识和把握达到了新的历史高度。我们只有以马克思主义文化自觉对待和谐文化建设，才能在实践中大力推进社会主义先进文化建设。以马克思主义文化自觉推进和谐文化建设，必须深刻把握以下几个基本规定：

人本取向。文化建设坚持以人为本，是社会主义的本质要求和现代社会的时代内涵。坚持以人为本，就是要自觉做到立党为公、执政为民，以及做到权为民所用，情为民所系，利为民所谋。这应该说是和谐文化最基本、最重要的实践内涵。

开放姿态。人类实践活动在本质上是开放的、进取的，人类实践活动创造的文化也是在开放互动中生生不息的。对于一个民族文化而言，与其在封闭保守中坐以待毙，不如在主动的开放交流中勇敢地面对挑战，努力实现自我的超越。古往今来，纵观世界文明发展史，任何一种文化的发展都离不开不同文化之间的交流、融会，不同思想流派的发展离不开各种学派的相互辩论和相互吸收。世界上任何一种文明形态如果只关注自身，思想和学术的发展就会走向封闭和死亡。

兼容胸怀。从文化的角度看，和者，和睦也，有和衷共济之意；谐者，相合也，强调顺和、协调，力避抵触、冲突。中国文化历来就非常强调有容乃大。中国古代经典《周易》中有“天行健，君子以自强不息；地势坤，君子以厚德载物”的古训。2300余年前，兴盛于齐国的稷下学宫，诸子百家各持其说，切磋辩难，蔚成风气。正是秉承着这种精神，中国文化几千年来绵延不辍，书写了世界文明史上辉煌的篇章。在21世纪的今天，传统文化、地域文化、现代城市文化、国际文化的冲突与融合是现代社会的共同特点，不同的人文及文化背景，多元化的价值取向，不同的行为方式，无不需要进行对话、整合与引导。我们应继承和发扬中华民族和合文化传统，倡导和谐的思想观念，使崇尚和谐、维护和谐成为全社会的共同追求，推动融洽和睦文化氛围的形成。

创新精神。创新是一个民族的灵魂，也是文化发展的灵魂。一个没有文化底蕴的民族，一个不能不断进行文化创新的民族，是很难发展起来的，也是很难自立于世界民族之林的。建设和谐文化离不开文化创新。文化创新是建设创新型国家的重要方面，是推动文化发展的有效途径。世界高新技术特别是数字技术的飞速发展与应用，为加快我国文化发展，形成新的文化创造力提供了极好的机遇。面对千载难逢的历史机遇，我们要把文化体制改革与文化创新紧密地结合起来，以改革促创新、促发展，推动文化观念、文化内容、文化形式的全面进步。推进文化创新，根本的一点在于使整个民族的聪明才智竞相迸发，创造出更加丰富多彩的文化。

（原载《学习论坛》2006 年第 8 期）

文化建设应予把握的几对矛盾关系

文化自觉在本质上反映的是人们对文化建设客观规律的认识与把握，而规律又往往表现为现实中诸多的矛盾关系。在当前，大力建设和谐文化，有必要对以下几对矛盾关系进行深入认识和研究。

先进文化与先进生产力

从历史唯物主义来讲，一定社会的先进文化是这个社会上层建筑的一部分，它受经济基础的制约；对于中国共产党人来讲，由于其本身就是先进生产力和先进文化的代表者，因而在她那里，先进文化与先进生产力在根本上也是一致的。这就是说，在当代中国，我们党着眼于发展先进文化，一个重要的物质前提在于，我们始终抓住经济建设这个中心，致力于发展社会生产力。从这个意义上讲，中国先进文化是和中国先进生产力及中国最广大人民根本利益相联系的文化。先进生产力是前提和基础条件，人民群众是先进生产力和先进文化的创造主体。因此，离开了先进生产力及人民群众的根本利益，先进文化无从谈起，三者的关系是互为依存，相互联系，相互促进。文化属于上层建筑，它会推动生产力向前发展。先进文化与当代先进科技密不可分，就目前科技发展的态势而言，不与先进信息技术相结合的文化不应称之为先进文化。我国错过了工业革命，遗憾百年，决不可再错过已经开始的信息革命。信息革命在一定程度上也是文化领域的革命。先进文化恰恰就是这场革命的先导。

与此同时，我们还必须认识到，文化的因素对于经济的发展和社会的变迁，有着巨大的历史反作用。当社会经济发展到一定程度时，它从本质上要求相应的文化形态与之相适应，否则，这种经济的发展和社会的进步也就难以为继。从当前我国的情况看，一个比较突出的问题正在于，在经济发展方面取得了举世瞩目的伟大成就，社会生产力水平得到了前所未有的提高的同时，一些群众包括部分党员干部的思想观念发生了这样那样的变化，开始出现与社会主义核心价值要求不相适应的趋向和苗头，给改革发展的实践进程带来不同程度的负面影响。这就提醒我们，在经济发展到一定程度时，如果我们不对社会思想道德和文化建设以必要的重视，在提高广大干部群众的素质上下功夫并取得明显成效，改革开放和现代化建设可能因此而受阻碍。

主旋律与多样化

长期以来，我们在思想文化战线上的一个重要指导方针是，“弘扬主旋律，提倡多样化”。但是，对于这两者之间的关系，仍然有进一步探讨的必要。从本质上看，主旋律与多样化的关系体现了矛盾普遍性与特殊性的辩证关系。矛盾无处不在，无时不有，但对于一个事物有机体来讲，尽管有很多矛盾，但在一个特定历史时期，它只有一个主要矛盾，其余只能为次要矛盾。这一点体现在社会主义现代化建设方面，就是我国社会的主要矛盾以及由此决定的党和国家在当前的中心任务。对于宣传思想工作来讲，弘扬主旋律，无非就是要求我们的媒体以及一切宣传舆论工作者，围绕党和国家的工作大局，围绕当前社会发展面临的中心任务，来进行具体的贯彻落实，来进行具体的对照检查和改进。这就是“主旋律”的客观现实依据。为此而采取和表现出来的诸多不同的形式、方法等，则可归之于“多样化”的范畴。这样看来，“主旋律”并不是一个抽象的概念，也不是单纯意识形态的需要，而是有着丰富的内涵，有着极其鲜明的现实指向和具体要求，根本上反映的是我们当前党和国家工作的大局，体现的是广大人民群众的根本利益。“多样化”也不仅是宣传话语，更不是所谓的文字游戏，而是现实生活中人们思想文化风貌的真实写照，它在根本上反映的是人们物质生活和精神文化生活内容的丰富多彩和表现方式的多种多样。

古往今来，特别是近代社会以来，任何一个民族都是有国家归属的，不存在游离于国家范围之外的民族。这就是说，人们对物质文化生活的无限多样化的追求，人们对自身与外部世界关系的所谓自由追求，在现实中总是限定在民族国家这个特定历史范围之内的，是要服从于民族国家的发展目标，要服从于民族国家里绝大多数民众的根本利益需要的。那种脱离或者无视这一基本事实的所谓符合人性的绝对自由追求，不仅是不存在的，也是极其有害的。只要有民族国家存在，有阶级利益的划分，在思想文化领域总是要有体现统治阶级意志的“主旋律”。在社会主义历史时期，我们大力弘扬主旋律的同时，也在提倡多样化，这集中反映了我们党对人类文化发展规律的深刻把握，因而是迄今为止阶级社会里关于发展思想文化和意识形态的最先进、最科学的理论表述。

先进性与广泛性

在思想道德上，任何社会的每一个成员之间，都不是齐头并进，均衡发展的，都会存在这样那样的差距；每一个人对于同一个问题的认识和接受，在不同的人生阶段和不同的条件下也有不同。但历史地看，整个社会以及就人的一生来讲，其思想道德状况是不断提升的。这一点要求我们在发展社会主义先进文化时，就要注意把先进性要求与广泛性要求有机地统一起来。广泛性要求是社会主义文化建设的一条底线。有了这条底线的约束，普通群众就有了一条准绳，向先进性提高也有了一个扎实的基础。而先进性要求是广泛性要求的导向。如果没有先进性要求，不在社会上倡导和弘扬先进性要求，就无法激励广大群众继续提高思想道德境界，广泛性要求就会失去进一步发展的目标方向。要做到两者的有机结合，就必须适时地对社会各界成员有针对性地提出具体要求，各自有所遵循，从善向上，逐步提高自身思想道德素质，提高中华民族的文明水平。因此，把社会主义价值观的核心、原则、基本要求和具体规范落实到人们的行为时，必然体现出由高到低的不同层次的要求。

由于共产党员的身份和作用，其规范和标准显然不同于一般要求，必须有更严的要求，应当以更高层次要求来衡量，以共产主义道德标准要求自己，用模范行为来影响广大群众。而对于包括共产党员在内的不同层次不同群体的人们在思想道德方面的问题，也要给予具体的历史的分析，应看到对于一个人来讲，其思想道德素质的提高是一个历史过程，没有谁天生就是圣贤。因此，对其道德要求，一是要允许犯错误，允许改正错误；一是要从每个人的实际思想道德情况出发，有针对性地开展思想道德教育，切忌无的放矢。这应该说也是道德广泛性和先进性有机结合的一个重要体现和基本要求。

灌输与内生

灌输论是马克思主义的一个基本观点，它主张对于相对落后的广大民众来讲，工人阶级的先锋队组织——共产党人有责任把先进的理论和文化传送到人民群众手中，使之成为改天换地的强大思想武器。历史和实践表明，这一理论的运用，对于改变落后国家和民族的悲惨境遇，迎来民族独立和解放，发挥了至关重要的作用，无疑有其历史合理性的一面。尽管在今天，面对社会日趋多样化以及人们思想观念的独立性不断增强的客观事实，马克思主义灌输论仍然是有其指导意义的，不能随意否定，但同时我们也应看到，马克思主义要想在一个国家和民族那里生根发芽结果，必须与这个实际情况相结合，寻求最佳结合点，根本上还是要在这个国家和民族的人民心中扎下根，成为这个国家和民族的有机组成部分。马克思主义中国化的近百年历程，也是与中国实际相结合不断中国化的历史进程。没有马克思主义，也就不会有中国共产党，但如果没有马克思主义中国化的成功实践，也就不会有今天我们党的一系列卓越的理论创新。这个历史过程是“灌输”与“内生”一而二、二而一的进程。完全可以说，马克思主义传入中国的近百年历程中正走着一条成功的中国化道路，目前这个任务还没有完成，还需要继续前行。在这个过程中，如何进一步处理好“灌输”与“内生”的关系，是我们需要面对和处理的一个重大课题。

传统与现代

传统是不死的民族精神，它规范着人的思维方式，影响着习俗和审美情趣，规定着价值取向。传统的未必全部是落后的，其中仍有优秀的成分需要继承和发扬，现代的也未必全部是健康的，其中仍有糟粕的成分需要摒弃和剔除。立足于实践要求，以扬弃的态度认识与处理传统与现代的关系就显得十分重要。

在传统与现代的问题上，“返本开新”固不可行——须知现代人类文明发展一刻也没有停留，而是日新月异，一日千里，现在的情况早已不是过去古人面对和经历的了，再试图从中寻找民主与科学的坦途，无异于缘木而求鱼。“历史虚无”也不可取——须知历史犹如一条长河，始终滚滚向前，若人为地割断历史，无异于“断流”，显然是不可能的。

民族与世界

只有民族的才是世界的，这深刻揭示了在文化问题上民族性与世界性的辩证关系。文化的民族性与世界性是个性与共性的辩证统一，它们反映着世界各种文化的差异性和统一性的辩证联系。文化的世界性不能脱离民族性而存在，世界性寓于民族性之中，没有民族性就没有世界性。民族性与世界性具有相对性，它们在一定条件下相互转化。特别是在当今时代背景下，科学技术突飞猛进，打破了人们原来的认识局限，使文化时空发生了巨大变化。与此同时，世界各个民族和国家的文化交往大大加强，世界信息化和经济全球化的趋势越来越明显，文化的民族性向世界性转化的速度也在加快。另一方面，与西方文化霸权主义的不断扩张相对应，世界范围内兴起了一股回顾历史、强调民族个性的文化民族主义浪潮。这两股文化潮流各有其深刻的社会历史和文化根源，将主导未来很长一个时期的世界文化发展态势。我们既反对文化霸权主义，也不赞成单纯的文化民族主义，面对两者此消彼长的局面，唯一正确的选择是坚定不移地走中国特色社会主义的文化发展之路。

继承与创新

继承与创新相辅相成，统一于人们的社会实践活动，服务于人们生产和生活质量的改善和提高，根本目标是不断促进人的全面发展。首先，一个国家或民族如果没有创新的能力，也就不可能有充分的继承。正如马克思所说："人们自己创造自己的历史，但是他们并不是随心所欲地创造，并不是在他们自己选定的条件下创造，而是在直接碰到的、既定的、从过去承继下来的条件下创造。"其次，任何一个民族的传统文化如果不根据时代标准和实践要求加以创新和变革，就不可避免地会失去应有的生命力。创新的直接目的是应对各种现实的挑战，改进、完善和提升人们的生活环境和生活质量，根本上是一种生产方式和生活方式的创新和转换，因此必然带来思维方式、价值观念等文化层面的相应变革。由此决定了，不以创新为努力方向的继承，不是真正的继承，而是守成；不以继承为前提的创新，不是真正的创新，而是标新立异。建设中国特色社会主义和谐文化，不能脱离自己的历史传统，也不能脱离世界文明的宽广大道，而只能走吸收古今中西文化之长，创造时代需要和实践要求的社会主义新文化道路。

（原载《广东行政学院学报》2007 年第 1 期）

人类命运共同体展现中国文化精神

“世界遗产•人类文明交流互鉴”这个主题选得好，契合了当今时代的主题，暗含了当今在中国共产党领导下，中国特色社会主义建设的一个大方向，尤其是文化建设。如何搞好文化建设是我们执政党的事情，也是我们参政党、各民主党派的事情。更是我们社会各界有志之士众所关心的事情，对“人类文明，交流互鉴”，习近平总书记做过精彩的演讲，与习近平同志系列重要讲话精神相互呼应，一脉相承，早已形成一个整体。那么在当今的时代背景下，应该如何理解“人类文明，交流互鉴”呢？

习近平总书记这两年有一个概念提得比较多，那就是“人类命运共同体”，其中的道理看似很浅显，实则不然。中国古代哲学早就讲“天人合一”，古代哲学家张载也说过“民胞物与，物吾与也”，讲的都是人与天地之间本来就是合二为一，本来就是一个共同体的深刻内涵。

今天提出“人类命运共同体”该怎么理解呢？怎样从这个角度理解“世界遗产•人类文明交流互鉴”这个主题呢？怎么来看待当今时代中国在大力提倡的“一带一路”建设呢？

第一，“人类命运共同体”体现的是一种天下情怀。大家知道，早在两千多年前的古代中国，就有一条贯通东西、连通亚欧大陆的重要纽带，那就是丝绸之路。“天下情怀”即体现了当今中国在世界步入21世纪面临诸多问题——尤其是经济全球化走入一个新的阶段，正在徘徊中曲折前进的时候，中国提出了新的“一带一路”的方案。这决不像某些人讲的是中国单方面的行为，而是一个关系到人类命运和前途的重大决策方案，“一带一路”的实施落地、成效如何不仅关系到中国一国的经济发展，更关系到沿岸国家人民的民生福祉，乃至关系到全球的经济文化发展。

第二，“人类命运共同体”体现了“和而不同”精神。费孝通先生提出“各美其美，美人之美；美美与共，天下大同”的文化理念，费老先生同时提出了“文化自觉”的口号。当今世界面临的威胁和挑战数不胜数，放眼全球，环顾周边，我们处在一个诸多危险和陷阱纷繁交织，面临空前挑战的大时代。在这样一个时代，一个民族、国家，乃至作为一个整体的全人类，必须迫切地呼唤“文化自觉”。

由曾海洪先生力倡、福州人民政府以及社会各界给予支持的“首届中国世界遗产主题文化博览会”成功落地福州，本身就起到了一个很好的桥梁和纽带作用，它立足于福建-福州，放眼全国，折射世界，把不同文化、文明通过器物、观念等各个层面的东西汇聚在一起，推动平等对话，互相交流，取长补短。这就会很好地增进不同文化背景的人们对各自文化优劣长短的认识，增进不同文明的文化自觉和文化自信。这样一件事情做好了是功德无量的。

第三，“人类命运共同体”体现了“和平至上”的精神。尽管我们这个世界不太平，而且自从有人类以来，始终都不太平，战争始终是人类文明发展中挥之不去的阴霾，但是，人类文明和人类命运的前途决不在于战争，而在于和平。如何有效地规避战争、赢得和平，这是各国有志之士长期以来孜孜以求、努力探索的问题，然则，谈何容易。

中国作为社会主义国家，作为经济体量最大的发展中国家，作为经济总量世界第二的国家，我认为中国有这样一种历史担当，有这样一种文化自觉，那就是竭尽自身所能所为，承担起中华民族、中国继续前行的责任，勇敢地承担起维护世界和平、促进共同发展的责任。所以说，“人类命运共同体”毫无疑问是一份儿具有鲜明特色的中国方案、中国理念，是针对全球治理提出的一个中国解决办法。

（原文系 2017 年 5 月 12 日作者在“首届中国世界遗产主题文化博览会”之“世界遗产·人类文明交流互鉴”新闻发布会上的致辞）

两岸关系的文化血脉“割不断　理还乱”

您觉得文化在两岸这个议题当中该怎样发挥作用，又应该发挥怎样的作用呢？

我对两岸关系研究少，没有发言权。如果仅从文化角度来讲，抽象一点，不涉及到具体问题，台湾是中国的一部分，这是毫无疑问的，到目前为止，蔡英文也没有敢公然撕裂这一点。

我认为，从政治上搞“去中国化”、搞“台独”当然是有一些复杂的历史背景和政治利益，但是从文化“交流互鉴，融合发展”的角度来看，“台独”也好，“去中国化”也好，肯定是逆历史潮流而动的，肯定是与“人类命运共同体”这一宗旨不相符合的，是倒行逆施的所为。

“人类命运共同体”提出后，得到世界范围的响应，甚至包括特朗普在一定层面上也是认可的。因为我们面临的共同挑战和威胁确实太多了，所以习近平同志讲“中美关系我们有一千个理由搞好，没有一个理由可以搞坏”。那么我们与台湾的关系本身就是一家人，血脉相连，文化同根，我们就没有一丁点儿、半点儿理由搞不好我们的关系，从文化来讲，这甚至是“割不断　理还乱”的关系，是“血浓于水”的关系。

所以政治上不管你搞什么行为，如果忽视、淡忘、违背了文化这个自有的基础和传统，那肯定是错误的和站不住脚的。展开一点讲，就世界大潮来看，全球化的确是有些退潮，但整体趋势来看，人类走向大同这个过程肯定是不可逆转的。也就是说地区和地区之间的融合，人类不同文明之间的融合，全人类集体走向大同，这个趋势是不可逆转的。

我们一直在经历着全球化的浪潮，地区与地区之间的隔阂不断打破，文化在这个过程当中肯定会有一些损耗、同化甚至是遗失，那么在这个过程中文化该怎么抉择呢？是形成一个“强势文化”，还是既能够保存自己，又能兼顾您说到的“天下情怀、历史担当、促进和平”？这中间的平衡应该如何把握呢？

文化不是一个单纯的现象，如果单纯看文化的话，貌似感觉到蔚为壮观，内容丰厚，海阔天空。其实那是虚假的。文化这个东西其实是和我们的生活、生产、生命活动直接相关的，离开了这些，没有文化。所以文化这个东西很复杂，就在这里了。

现在我们一讲文化，就是“传统文化博大精深”“三皇五帝开天辟地”“诗书经义”怎么怎么，这些其实就只是就学理、观念、学术层面而言，如果把文化看成一个活生生的东西，它其实是和经济、政治密切相关的。不能离开一定的政治基础和经济活动来看文化，还要落下来，看文化之间的对撞和融合。

塞缪尔•亨廷顿的“文明冲突论”为什么站不住脚呢？貌似合理，其实缺乏一个坚实的历史基础，不能脱离了历史环境、时代背景和生产活动来谈文化。文明之间没有冲突不冲突之分，只是我们的利益、生产活动方式，和我们的思考方式不同，存在差异，形成矛盾，那不叫冲突，文化之间不会有冲突，不会有正面的冲突，正面的冲突历来都是经济活动和政治利益的冲突。

但是我们可以从文化的角度来审视人类的生产生活方式，从文化的角度来解读人类的生产经济活动，从文化的角度来做一些贡献，助推人类的经济政治活动向更好的方向发展。

（原文系 2017 年作者接受“两岸视点”记者净饭的采访稿）

提高国家文化软实力

当今世界，多极化趋势不可阻挡，全球化大潮汹涌澎湃，文化越来越成为民族凝聚力和创造力的重要源泉，越来越成为综合国力竞争的重要因素。改革开放以来，我国在发展经济、科技、国防等“硬实力”的同时，文化“软实力”也在不断发展壮大，但与世界上一些发达国家相比，特别是面对日趋激烈的综合国力竞争，面对人民群众日益增长的精神文化生活需求，我们在这方面还须加大建设力度。党的十七大将其确立为国家发展战略的重要组成部分，合乎中国特色社会主义发展实际，顺应世界上综合国力竞争的现实需要，非常及时，意义重大。对于文化战线来讲，围绕党中央的战略部署，按照发展社会主义先进文化的要求，着力提高国家文化软实力，是当前和今后一个时期面临的重要任务。

“软实力”的提出及其基本内涵

“软实力”（soft power）是美国哈佛大学教授约瑟夫•奈提出来的。1990年，他在《注定领导：美国力量本质的演变》一书和同年发表在《外交政策》杂志上的《软实力》一文中提出这一概念。2004年4月，他的新著《软实力：世界政治中的制胜之道》更是引起世界热谈。

他将综合国力分成“硬实力”和“软实力”两种形态，所谓“硬实力”是指处于支配地位的要素总和，包括基本资源（如土地面积、人口、自然资源）、军事力量、经济力量和科技力量等；而“软实力”是指国家的凝聚力、文化认同度和参与国际机构的程度等，是让他人自愿地按你的意图做事的力量，它源于文化和意识形态的吸引力。近年来，由于“软实力”概念体现了一种不是依靠军事政治力量而是依靠文化价值观念施展影响、参与国际事务的新思路，一经提出，便获得了广泛认可。目前，“软实力”已经成为国际范围内国家竞争力提升和区域管理的热门话题，是分析国际政治时事中不可或缺的概念，“软实力”竞争成为综合国力竞争的一种基本形态。文化是“软实力”的首要资源，文化竞争力是“软实力”的核心内容。值得注意的是，约瑟夫•奈当时提出这一概念的重要时代背景是，伊拉克、朝鲜、苏丹等地的局势发展以及日陷泥潭的巴以冲突都表明：任何一个国家哪怕是世界上唯一的超级大国——美国，如果仅靠“硬实力”，走“单边主义”国际路线，哪怕它具有占压倒性优势的“硬实力”，也不足以预防战争或恢复和平。相反，“单边主义”的狂妄自大、无视他国意见、对国家利益的狭隘追求等必定破坏美国的“软实力”。

按照约瑟夫•奈的理论，对于一个国家而言，与“硬实力”一样，“软实力”也是一个重要的客观存在。

首先，“软实力”是相对于“硬实力”而言的，无形而有形。“软实力”并不“软”，它是“硬实力”的体现；没有“硬实力”，就无所谓“软实力”；反过来，“软实力”扩大了，也会促进“硬实力”增长。

“硬实力”是“软实力”的有形载体、物化，而“软实力”是“硬实力”的无形延伸。直观上看，“硬实力”较易理解，而“软实力”就复杂一些。“软实力”可以概括为导向力、吸引力和效仿力，它是一种同化式的实力——一个国家思想的吸引力和政治导向的能力。美国学者克莱因在20世纪70年代提出了有名的“国力方程”，把“战略目标”与“国民意志”作为衡量国力的重要组成部分。无论是“战略目标”还是“国民意志”，都是极其复杂的无形因素，也可称为“软实力”，难以用静态标准来衡量。另一位美国学者斯拜克曼把民族同质性、社会综合程度、政治稳定性、国民士气都视为“软实力”。英国著名学者罗伯特•库伯认为，合法性是“软实力”的核心要素。

其次，“软实力”与“硬实力”在根本上相互依存、相互作用、相互转化。第一，“软实力”需要一定的“硬实力”作为基础。我们无法想象一个经济落后和缺乏国际地位的国家会拥有可观的“软实力”。在这方面，最明显的例子是印度。虽然印度人很聪明，但印度综合“硬实力”不强一直使其国际影响受到限制。从“软实力”的角度看，印度的文化和民主都应该是帮它“加分”的因素，但由于缺乏足够的“硬实力”，可以说印度没有多少实质上能影响国际政治的“软实力”。

第三，对“硬实力”很强的国家来说，如果“软实力”跟不上，它们的国际影响力亦要大打折扣。20世纪80年代的日本是一个“硬软实力不平衡”的典型。当时日本的“硬实力”（除军事之外）几乎可以和美国媲美。但是，尽管当时日本在许多行业（像汽车、钢铁、半导体等）都领先于美国，但在国际社会中却没有相应的地位和影响。更具体地说，日本没有政治价值上的感召力，日本的通俗文化更是无法和美国竞争，日本社会的自我封闭及排外的特征与美国社会的开放性质相比较更是显得毫无吸引力。

第四，软与硬是相对的，在一定条件下可以相互转化。我们平时虽然将一国的文化看成是“软实力”的一部分，但是文化产业也是国际贸易和国内生产总值的重要组成部分。美国的文化产业是美国经济的一个极为重要的部分，在国际市场具有很强的竞争力。在当前全球化、信息化和网络化大潮席卷全球的历史背景下，“硬实力”对于一个国家的重要性显而易见，“软实力”则具有超强的扩张性和传导性，超越时空，对人类的生活方式和行为准则产生巨大的影响，二者在根本上相互依存、相互作用，共同影响和塑造一个国家的综合国力，在理论和实践上都应给予高度重视，不可偏废。

第五，“软实力”在很大程度上来源于价值观。这些价值观通过一定的文化、特定的国内政策以及国家在国际上的所作所为表现出来。但约瑟夫·奈也认为，“软实力”不只是文化影响力。政府通过其国内行为（比如民主）、在国际制度中的行为（倾听他人的意见）和外交政策（提倡和平和人权）所要捍卫的价值观影响其他人的价值取向。在信息时代，随着社会信息化、信息网络化步伐的不断加快，价值观对于“软实力”的催生和助推作用会变得越来越重要。

在当前的国际关系中，由于“软实力”在国际关系中的影响日增，世界主要大国在注重硬件的建设之时，也十分重视增强自身的“软实力”。以美国为首的西方国家凭借其强势经济、军事和科技力量，大力推行其民主、人权等价值观，这就是以硬实力为依托扩张“软实力”。如布热津斯基在《大失控》一书中有明确表露，削弱民族国家的主权，增强美国文化作为世界各国“榜样”的文化和意识形态力量，是美国维持其霸权地位所必须实施的战略。

强大的中国不能没有相应的文化软实力

任何国家的综合国力都是由“硬实力”和“软实力”构成的，两种实力的关系不是简单的相加关系，而是倍乘关系。历史经验表明，一个国家的生存、发展乃至崛起都离不开“软实力”的支撑。当一国“软实力”丧失或被严重削弱，无论多么强大的经济实力都挽救不了这个国家衰败的命运。苏联之所以迅速走向衰落直至分崩离析，根本原因不在于美国的冷战政策，而应归咎于它的文化即它的政治哲学、官方意识形态、民族凝聚力等已经失去了原创的动力而日趋僵化。在信息化主导的新科技革命时代，一个国家的“硬实力”在世界上变得不那么有形或具有胁迫性，尤其是在先进的国家之间。约瑟夫•奈认为，21世纪的国家力量依靠“硬实力”和“软实力”资源的结合。在多样化日趋明显的世界里，国家力量的三个来源——军事、经济和软实力——仍然举足轻重，尽管在不同的关系中程度有所不同。如果目前的经济和社会趋势继续下去，一个国家在信息革命和软实力方面的领导地位将变得越来越重要。

在这一视角下，当我们探讨中国的综合国力时，我们必须正视中国文化软实力相对落后这一现实。在过去考虑“综合国力”这一概念时，我们很少包括文化软实力——意识形态、发展模式、文化样式、价值观念、国际影响力等重要指标，几乎所有的参数都来自于“硬实力”，如经济规模、军事力量、科技水平等。有专家认为，按单纯的“硬实力”指标，中国的综合国力可能仅次于美国，但如果把文化软实力也考虑进去，中国和其他大国的差距就显得更大了。

与美国相比，中国不仅“硬实力”不足，而且文化软实力方面的问题更多，比如影响国际结构的力量不够、文化影响力一般等。中国文化国力的主要发展指标在世界的比重并不理想。例如，在国际市场中，中国有竞争力的仍然是劳动密集型制造业产品，文化产品进出口的贸易逆差有增大趋势。另外，在人均受教育年龄方面，在科学论文数占世界比重方面，在本国居民申请专利占世界比重上，中国均大大低于世界发达国家。就文化形态而言，自新中国成立以来，中国迅速建立了以马克思主义为核心的社会主义文化体系。

即便是在苏东剧变之后，中国仍然保持了自身文化发展的主流意识形态。但在经济市场化以及文化的世俗化和商业化这一大的历史背景下，中国原有的意识形态、价值观念和政治哲学等文化形态所具有的社会价值整合功能开始面临挑战。

为此，我们需要对原有的制度性文化进行必要的调整或转型，大力建设核心价值体系，否则，中国的和平发展就会缺乏足够的文化支撑和精神动力，甚至整个社会也会出现严重的“社会失范”。

当然，和20世纪80年代的日本及前苏联相比，我国提升文化软实力的条件可能相对好一点。首先，中华文化内涵丰富，对外国人极具吸引力，“和为贵”的优良传统思想尤其受到普遍的重视。和日本相比，中国的文化价值更加开放，更易被人接受。对内，中国的文化有极强的凝聚力。中国文化软实力的另外一个重要组成部分是遍布全球的华人网络。在目前中国的转型和发展中，这一网络起了巨大的经济作用。更为重要的是，中国顺应世界潮流，适时提出走和平发展道路、建设和谐社会与和谐世界的理念，具有相当强的感召力。这不仅有助于消解中国持续快速发展引发的某些疑虑，而且赢得了国际社会的广泛赞同。

环顾世界，当前提升中国文化软实力首先要面对的就是“文化全球化”的挑战。近年来，美国一些人大肆鼓吹“文化全球化”，试图让“自由”“民主”的观念随着工业制成品传遍全世界，为美国在全世界谋求经济霸权鸣锣开道。针对这种情况，我们一方面要在大力推进对外开放战略、积极发展国际贸易的同时，着眼于化解和回应“文化全球化”的冲击，确保国家文化安全的高度，以和谐文化建设为抓手，着力提升我国的文化软实力。不如此，我们将会在日趋激烈的国际综合国力的竞争中陷于被动。

中国成功的发展模式是中国文化软实力的一个重要体现。着眼未来，下一步中国文化软实力的提升，不能仅仅依靠形势对我有利的一面，而是需要及时树立一套令人信服的价值模式，使世界各国不仅与中国在“经济互利”方面有所认同，更能够在行为模式和价值观上有所认同，从而增加中国与各国的合作面。但是在这里必须明确的一点是，提升中国的文化软实力，根本目标是为中国的发展营造良好的国际舆论环境，这与向世界输出发展模式有本质区别。近年来，对“中国模式”和“北京共识”的正面肯定，成为国际主流媒体一个引人关注的动向。中国独树一帜的发展道路正在产生越来越大的影响。约瑟夫•奈在2005年底发表的《中国软实力的崛起》一文中认为，目前，虽然中国的软实力有所上升，但国际上主导的价值观念，包括自由、民主、平等、人权、法治等等，仍然归功于西方，“北京共识”的发展道路仍处于摸索阶段，系统化和影响力都还不够大。要想寻找带有强烈中国烙印的价值观，恐怕还需要漫长的摸索过程。

对于一个快速成长中的大国来讲，提高“硬实力”相对容易，高储蓄率、大量的外商投资、足够的技术转让以及合理的经济政策都会提高中国的“硬实力”。但是，提高文化软实力将不可避免地触及到许多复杂的问题，如体制、观念等方面的改革等。而从日本和前苏联的教训来看，不进行这样的改革，“硬”“软”不平衡的问题就得不到解决。对中国来说，要真正成为世界大国，文化软实力则将是必不可少的资源。

加强文化建设，提升中国文化软实力

总的看来，切实加强我国文化软实力建设，应努力从中国的古代文明传统、现代社会主义传统和改革开放经验中提炼出优秀的文化和价值资源，凝聚和升华出当代中国的文化软实力。

对传统文化中那些与当代社会相适应、与现代文明相协调的因素给予认真梳理和充分运用。就拿“和谐”的“和”来讲，其实在中国传统哲学中，历来强调“和”，主张“和为贵”。正是基于这种以和为贵、崇尚王道的传统哲学理念，周恩来在历史上与印度等国首创“和平共处五项原则”，为开创国际关系的新时代奠定了基础。在新的历史条件下，中国的和平外交有了新的内容和意义，概括起来主要是以下几个方面：一是提倡国家不分大小强弱一律平等，反对以大欺小、恃强凌弱的霸权主义；二是提倡对话、合作，反对对抗，反对单边主义；三是提倡互利共赢，反对损人利己；四是睦邻友好，与邻为善，以邻为伴。可以说，当今我国政府以人为本和注重和谐的治国理政方略，正是对中国传统文化和我国成功外交路线的继承和发展。

加大中华文化走向世界的工作力度。随着国力的增强，我国在国际上产生的影响和作用越来越大，国际地位不断提高，加之中国的市场受到国际上的关注，从而中华文化在国际上的影响力也在增强。我们要利用经济全球化的有利时机，加强对外文化交流，让世界各国人民更多地了解中华文化，包括传统文化和现代文化。约瑟夫•奈说，中国在世界各地建立孔子学院，越来越多的外国人学习中国语言和文化，这是“软实力”的一种具体体现。中国应在继承和发扬优秀民族文化传统、吸收发达国家有益文明成果的基础上，着力构建体现民族精神的中国气派的文化软实力，更好地应对外来挑战。

注意发挥“社会主义”的感召力和吸引力。不断增强我国文化软实力，离不开大力建设社会主义核心价值体系，而社会主义核心价值体系建设的基本着眼点又在于增强社会主义意识形态的吸引力和凝聚力。我们坚持社会主义、坚持马克思主义不是权宜之计，也不是对外宣传口号，而是有着深厚实践基础和历史必然性的整个中华民族的价值选择，是我们国家“软实力”中的核心内涵，是当今中国最重要的文化软实力之一。

做好对外宣传工作。在信息时代，中国媒体本身就是中国形象的一部分。如果我们想改变世界对中国的看法的话，我们首先需要改变我们自己的媒介。一个国家的媒体在国际传播秩序中的地位，在很大程度上决定了它在国际上的影响力。通过一个国家的媒体能更全面地了解这个国家。同时，媒体实力作为国家的一种重要的文化软实力，如果落后也会被动挨打。在SARS危机中，我国政府受到西方媒体的软打击便是一个最好的例证。为此，在国际上创中国媒体知名品牌应成为一个重要的努力方向。这就要解决两个问题：一是要尊重和遵循世界通用的规则，用国际共通性的文化标准来进行传播，能够和世界比较顺畅地对话和交流；二是要满足中国人在社会发展中不断增长的对文化传播信息的需求，保障老百姓对信息安全和丰富文化的要求。

大力发展文化产业。据国家统计局公布的2006年国民经济统计数字，我国人均GDP首次超过2000美元，社会消费正在向发展型和享受型升级，国内文化的消费需求日趋增大。文化的消费不同于普通的商品消费，人们在欣赏电影、戏剧、歌舞、动漫、音乐或参与电脑游戏的同时，也会受到其所表达的思想内涵的潜移默化的影响。从这个意义上说，文化事业和文化产业的繁荣与衰败也代表着一种文化软实力，一种征服人心的号召力、吸引力和亲和力。胡锦涛同志指出：“在时代的高起点上，推动文化内容形式、体制机制、传播手段创新，解放和发展文化生产力。”在市场经济和全球化的条件下，必须通过发展文化产业来建设我们的文化软实力。只有这样，才能动员文化机构生产更多的文化产品，改变西方强势通俗文化产品占领中国文化消费市场、国产文化产品长期供给不足的现状。

注重从基础工程做起。一是更加重视汉语教育和历史教育。历史是民族的记忆，它是凝聚中华民族不可缺少的力量源泉。但是，值得关注的是，当前青少年的历史知识非常贫乏。在美国“西化”“分化”中国的情况下，要想维护中华文化的特性和独立地位，对青少年进行爱国主义教育，无疑必须首先加强历史教育和汉语教育。这一点我们有必要向周边的一些国家学习。以新加坡为例。在强劲的欧风美雨及强势的英文教育的影响下，新加坡传统文化曾受到严峻的挑战与考验，新加坡国内对于传统文化也因此出现了一些认同危机。在这种环境下，新加坡政府力倡双语教学，主张从儒家思想中吸取对社会发展有益的养分，主张国家必须拥有一种维系情感的稳定因素，而不能丧失民族固有的文化特性。新加坡的实践表明，儒家思想都对新加坡的社会发展起了不小的促进作用。

重视发挥哲学社会科学的功能。相对于具体的国民生产总值等“硬实力”而言，哲学与社会科学构成了国家的文化软实力。哲学社会科学的发展水平体现着一个国家和民族的思想能力、精神状况和文明素质，是推动历史发展和社会进步的重要力量，其作为国家软实力建设的核心地位，已经一再被中国的历史和现实所验证。鉴于我国哲学社会科学建设的现状，各级党委和政府要把文化软实力当成硬任务来抓，以实施马克思主义理论研究和建设工程为龙头，进一步重视发挥哲学社会科学在经济社会发展乃至国家发展全局中的重要作用，充分营造有利于哲学社会科学繁荣发展的环境，大力推进学术创新，在努力实现学术研究与社会发展的良性互动过程中建设具有中国特色、中国风格、中国气派的哲学社会科学。这是当前我国哲学社会科学界和各级党委政府真正落实《中共中央关于进一步繁荣发展哲学社会科学的意见》的共同命题。

在提升中国文化软实力问题上，我们既要积极主动，又要清醒地认识到，在现有国际经济政治的格局下，中国作为一个发展中国家，并不完全掌握主导权。美国卡内基国际和平基金会学者柯兰齐克认为："软实力外交，从长远发展来看，是一把双刃剑，它虽然能提高中国的国际影响力，也会给中国带来挑战。"完全可以预见，中国在构建文化软实力并借以发挥国际作用的过程中，必然会遇到西方意识形态的阻击，特别是美国文化霸权的干扰。这就是说，新形势下中国文化软实力的提升本身就包含着我们对现实国际关系的深刻体认和价值趋向，它不是一厢情愿的事情，也不是孤立的过程，实质上是一个与外部世界不断进行良性互动以及与国内经济、政治、社会等因素协调发展的过程。

（原载《今日中国论坛》2007 年第 6 期）

附 录

经典作家说过，理论只有彻底才能说服人，而所谓彻底，就是抓住人本身。抽象地、一般地、脱离实际看待所谓“人”，还是把“人”放到具体的社会历史的环境中加以考察，决定着思想观念的根本分野，也决定了这个“理论”的真伪存废。一切事物皆循理而动，一切工作皆有其固有规律。站在马克思主义、人民大众、实事求是的立场上观察世界、认识事物，我们就会越来越接近真理，反之，就将一无所获。

新发展理念的鲜明实践特征

——读《领航中国：五大发展理念案例选》

实践是理论的来源，而理论只有回到实践中去，才能实现自身的价值和使命。马克思主义关于理论与实践关系的辩证法，是当前我们深入理解和全面贯彻“创新、协调、绿色、开放、共享”新发展理念的重要遵循。中组部干部教育局组织编写的《领航中国：五大发展理念案例选》一书（党建读物出版社2016年版），紧扣新发展理念的鲜明实践特征，对“创新、协调、绿色、开放、共享”的新发展理念作了生动具体的阐释，无疑是广大党员干部学习实践新发展理念的权威读本。

讲好“中国故事”，用事实说话

改革开放以来的中国特色社会主义伟大实践是党中央提出新发展理念最直接、最深厚的土壤和源泉。新发展理念是崭新的理论创新成果，但不是拍脑袋的产物，而是对既往几十年间国际国内发展经验教训的深刻总结和理论升华，不是突如其来的，而是党的十八大以来以习近平为总书记的党中央坚持把马克思主义普遍原理与当代中国发展的最新实际相结合，在自觉推进实践创新基础上进行理论创新的客观结果。在中央领导同志关心指导下，中组部干部教育局组织编写的《领航中国》一书，着眼全面准确阐发新发展理念提出的时代背景、实践基础和现实意义，放眼国内国际发展大局，会同有关部门，精心选择了若干家喻户晓而又颇具说服力的典型案例，用讲故事的方式，以平实的语言风格，让身边的事实现身说法，对新发展理念实践特征作出了生动诠释，必将有力推动新发展理念在广大党员干部那里更好地内化于心、外化于行。

坚持“问题导向”，针对性强

当前乃至今后一个时期，发展仍然是我们党执政兴国的第一要务。新发展理念是适应中国发展步入新阶段，针对进一步破解“什么是发展以及如何发展”的问题，引领经济新常态，推动中国发展从根本上提质增效、强身健体的“指挥棒”。能否从思想认识上把新发展理念的科学内涵及其实践意义理解把握到位，直接关系到各地各部门“十三五”规划的具体落实情况，关系到全面建成小康社会的各项宏伟目标的最终实现。《领航中国》一书所选国内典型案例，来自改革发展一线，皆经各有关职能部门推荐、审核，成效已经实践检验，真实性、代表性自不待言，无论正面经验还是反面教训，都可以作为各自领域镜鉴参考的权威对象，对于端正发展思路、改进实际工作、明晰努力方向等无不具有鲜明而强烈的指导意义。

围绕“关键少数”，抓“牛鼻子”

中国的发展，关键在党。新发展理念是党中央着眼解决现实问题、谋求未来更大发展，提出的关乎全局、关乎根本的新理念新思想新战略，广大党员干部理应在学以致用、用以促学、学用相长方面发挥模范带头作用，走在全国人民前面。《领航中国》一书，围绕生动诠释“创新、协调、绿色、开放、共享”的新发展理念，逐一设置篇章，除重点推出近年来我国发展领域正反两方面的典型案例外，还专设“海外镜鉴”栏，也是从正反两方面介绍有关发展案例。该书以其宽阔编排思路和内容选取的真实性、专家点评的权威性，加上每篇文章后面“思考题”的精心设计，给党员干部读者耳目一新感觉的同时还有实际操作层面的深刻启示，可以说是一本为党员干部量身定做的学习读本。

目前，全党正在基层党组织广泛开展“学党章党规、学系列讲话，做合格党员”的“两学一做”学习教育，广大党员干部应密切结合学习工作实际，通过研读“五大发展理念案例”，深刻领会新发展理念提出的历史必然性和时代紧迫性，在改革发展的各项事业中真正把新发展理念的“指挥棒”作用发挥起来。

（原载《党建研究》2016 年第 8 期）

文韬武略兴中华

——读《张文台文丛》

张文台，我的山东老乡，一个谆谆长者，人称“军中儒将”，从士兵到上将，岗位不断变迁，但不变的是学习和思考，军衔步步升高，随之而来的是愈加丰厚的理论成果。这套7卷本的《张文台文丛》（以下简称《文丛》）就是将军学与思的足迹。

通读《文丛》，你不能不为将军驾驭文字的非凡才华所折服，诸多人所共知的大道理经他一解说，立马生动起来，一些看似玄奥的说法，被他一辨析，变得极其通俗易懂。今天，我们倡导马克思主义中国化、时代化和大众化，《文丛》可以说提供了一个不可多得的现实文本。究其原因，文台将军之所以能有这样的境界和水平，和文凭、学历什么的应该没有直接关系，根本上取决于他熟练掌握了唯物辩证法，能够自觉地运用唯物辩证法观察、分析和解决身边的问题。这就很好地回答了一些人的困惑——一个军人怎么能有这么好的文笔？实际上，在辩证唯物主义者那里，职业的不同、岗位的区分等不过是社会分工的差别罢了，万物一理，理一分殊，只有对象的分别，立场、观点和方法是一致的。身处军事岗位，却不以将军自居；坐拥百万雄兵，却能运筹帷幄；理论成果等身，依然孜孜以求、志在千里——文武之道，一张一弛，文韬武略，刚柔并济，这些富有光辉的论断用在文台将军身上，无疑是恰如其分的。

能文能武、文武兼备，内圣外王、出将入相，文可以安邦定国、武可以平定天下等，无不是中国文化对于栋梁之材的基本要求。武圣关羽武功盖世，却也熟读《春秋》；魏武挥鞭，东临碣石有遗篇；诸葛武侯，天文地理无所不晓；岳武穆精忠报国，《满江红》青史留名；曾文正耕读传家，成就中兴伟业；毛主席平生没有用过枪，却深谙文武之道，用兵如神。现代军事变革日新月异，一日千里，部队内部分工愈加专业化、技术化，各部门越来越强调协同作战，中国传统文化推崇的这种文武之道的确面临着诸多挑战。

《孙子兵法》开篇就讲："兵者，国之大事也，死生之地，存亡之道，不可不察也。"这不是从技术层面讲"兵"，而是讲用兵之道和军事哲学。美国人拿《孙子兵法》来做西点军校的培训教材，恐怕也不仅仅是学里面的"三十六计"。因此，对于当代中国军人而言，如何做到既要以开放的心态学习借鉴西方先进军事技术，不断强化提升我军的武器装备水平，同时又能深入挖掘汲取中华民族优秀传统军事文化，做到"致广大而尽精微，极高明而道中庸"，立足中国，放眼寰球，不是局限于就军事言军事，而能从军事之外审视军事、把握军事。这种集军事家与战略家于一身的，实乃是军之所盼、国之所需。

（原载《中国企业报》2014年1月28日）

继往圣绝学　开万世太平

——周善甫《大道之行》读后

作为后学，有幸读到我国著名学者周善甫先生的《大道之行》文稿，进而对先生的治学为人有所了解。《大道之行》作为周善甫先生的扛鼎之作，以广大精微的识见，融会古今，贯通中西，全面、深刻地诠释和体证了中华文化的真谛，是对宋明以来“新儒学”的“接着讲”，而不是“照着讲”，继承和体现了“为往圣继绝学，为万世开太平”这一数千年来中国士人矢志不移的道义和担当！

六松堂老人——周善甫（1914—1998），哲学家，云南丽江人，纳西族，晚年孜孜于传承和弘扬中国传统文化，桃李满天下，以一代儒学大家享誉海内外，在中国现代文化史上占有重要地位。如果从现代新儒家的角度审视先生的学脉传承及其造诣，抛开狭隘地域的限制，作为民间学人，周善甫完全有资格位列其中。这一点，随着《大道之行》在中华书局的出版发行，越往后，我们应该看得越清楚。

走近周善甫先生，了解他的道德风骨和治学人生，就不能不首先提到近代以来与民族命运的跌宕起伏相伴随的中国文化的危机。

西学东渐以来，面对咄咄逼人的西方工业文明，中华帝国既有的农耕生产方式以及与此相适应的宗法社会结构走向解体，历史久远、自成一体的中国文化便陷入了日益深重的危机之中。“打倒孔家店”、倡导“民主”与“科学”的新文化运动，以偏于激进的方式使这一危机打上了深深的时代烙印。

深受新文化运动洗礼的第一代中国共产党人，以辩证唯物论的态度对待民族传统文化，对当时“言必称希腊”的“西化”现象给予了哲学认识论上的深刻批判，主张从孔夫子到孙中山，我们都应该继承，确立了根源于中国传统哲学同时又被赋予马克思主义科学内涵的“实事求是”以全党思想路线的历史地位。毛泽东思想作为马克思主义中国化的伟大成果，本身就是中国传统文化这棵老树发出的新枝，同时开启了传统文化现代化的历史正确方向。中国文化危机出现了深刻转机，迎来了复兴的曙光。然而，史无前例的“文化大革命”，以极“左”的方式大革文化命，“破四旧”“除旧布新”等“以阶级斗争为纲”的极端做法，使中国文化危机以一种近乎另类的形式表现出来。

以革除体制弊端、对外开放为标志的改革开放时期，面对西方物质文化特别是个人主义价值观念的长驱直入，以学习、传播和弘扬中国传统文化为旨归的20世纪80年代“文化热”、90年代以来“国学热”相继兴起，当代国学大师季羡林旗帜鲜明地提出“三十年河东，三十年河西”的观点，认为21世纪将是包括中国文化在内的东方文化的时代。“文化热”“国学热”的勃兴说明，在“全球化”席卷全球的时代背景下，在五四新文化运动滥觞近百年的今天，在现代化道路上疾步前行的中国人依然在为寻求安身立命的精神家园而上下求索。

文以载道，言为心声。以周善甫先生为代表的国学家们极力倡导的正是他们内心深处极为忧虑的——中国现代化进程绝不能走西方发达国家的老路，而应是一条立足自身国情、尊重历史文化传统，因而具有中国特色的社会发展道路。他们还坚信，在探索创造这样一条能够真正实现中华民族伟大复兴道路的过程中，中国文化不仅不会缺位，而且必将成为现代中国人精神生活的根本支撑和最后归宿。这样一种对中国文化的自信和自豪，从张之洞到康有为，从王国维到胡适，从冯友兰到牟宗三，从钱穆到杜维明，从梁漱溟到周善甫，一脉相承而又与时俱进，贯穿始终的就是张子所言“为天地立心，为生民立命，为往圣继绝学，为万世开太平”。

“大道之行也，天下为公”，这是周善甫先生对四千年中国文化精髓的最深刻、最简明的理解，他把穷毕生之力撰写的著作名之为《大道之行》，彰显这位现代大儒矢志弘扬中国文化传统，以此促进社会精神文明，推动中华民族伟大复兴的坚定信念。先生晚年曾以“不可夺者匹夫志，最难得是美人心”的联句表白自己的浩然正气和平生追求。对周善甫先生的道德文章，云南文化名人马曜先生这样评价道：“言必信，行必果，是为真儒；著书立说，力倡正学，是为大儒；但求有利于民，不计个人荣辱，是为醇儒。善甫先生足以当之。”联系当下世道人心，细读《大道之行》一书，思先哲之所思，如朗朗明月，如清洌甘泉，如拂面春风，使人气定神闲之际，顿有豁然开朗的感觉。

周虽旧邦，其命维新。儒家宗师孔子生逢乱世，纲纪废弛，礼崩乐坏，自觉担当起恢复周礼、重建道德伦理的历史重任；现代哲学家冯友兰于战火纷飞中写就“贞元六书”，其意虽然不在于借此挽救民族危亡之命运，而是着眼于未来之中国根本建设，甚至把眼光放到了用“中国文化救世界”的高度；历代薪火相传的现代新儒家，尽管始终没有恢复儒学的国家主流意识形态的地位，但在整理国故、推出新知上做出的贡献是有目共睹的。从这个意义上看，虽不能说《大道之行》论述所及皆尽善尽美、无可挑剔，但从其所秉承的儒家治学传统以及贯穿著作始终的那种对中国文化的应有自信，特别是其中体现出的对中国传统文化进行创造性转化的探索精神，尤其具有当代价值。毫无疑问，今天，我们建设社会主义核心价值体系也好，推进和谐文化建设也好，总之要塑造新时期的中国魂，一个重要的维度是必须重视挖掘和弘扬中国传统文化的优秀内涵。在这方面，综观《大道之行》，可以说让人又惊又喜的是，周善甫先生以高度的文化自觉精神，在一系列论述和阐发中作了很有启示意义的揭示，这同时也赋予了这本著作以鲜明的时代性和实践性。

善甫先生书中所论，精辟独创之处甚多，如讲三代之前与三代之时，尧、舜、禹、汤、文、武、周公等先人，制礼作乐无不以德为先，治国理政无不以修身为本，行“王道”，施“仁政”，是故家齐、国治、天下平，成为后世效仿的典范。以后所谓“道统”其实就是先人们在为人处事上的成功经验特别是在治国理政上的客观规律，这是华夏文明的灵魂和根本所在，它历经三代乃至史前一个阶段的政治实践，证明能够维系和推动中华民族的生生不息，因而具有超越时空的属性。“己欲立而立人，己欲达而达人”“己所不欲，勿施于人”“仁义礼智信”“先天下之忧而忧，后天下之乐而乐”等都是“道统”的基本内涵，也是其内在要求。“政统”可以因时而异，但根本上应体现和遵循“道统”，“民可载舟，亦可覆舟”，否则，百姓会以激烈的方式再造一个能够较好地体现“道统”的政权。这是中国古代历史上历代王朝政权更迭的合法性基础。历朝历代士人坚持的“学统”，既有普遍性的一面，也有受具体历史条件制约的特殊性的一面，但就其与“道统”的关系看，则主要是强调“士”作为文化的传承者、社会道德的良知，以天下为己任，按照“格物、致知、正心、诚意、修身、齐家、治国、平天下”的理路，德字当头，修身为本，既要时刻戒慎恐惧，怵惕不已，又要自强不息，勇猛精进，真正做到“邦有道则显，无道则隐”，“达则兼济天下，穷则独善其身”，宠辱不惊，进退有据。国学大师陈寅恪将中国士人的风骨概括为“独立之人格，自由之思想”，不可谓不精辟。

孔子讲“朝闻道，夕死可矣”，集中表现出这位集百代学问之大成的至圣先师刻苦治学的宗旨所在，其所开创的儒家学说之所以成为秦代以后统治阶级的主流意识形态，根本一点正在于这个学说的基本立场观点特别是其“学统”揭示了中国古代社会运动变化的基本规律，反映了人民群众的呼声和愿望，代表了统治阶级的利益。以儒学为代表的中国传统文化之所以历经磨难而不衰，根本原因也在于此。

文律运周，日新其业。周善甫先生晚年倍加关注的中国特色社会主义伟大事业，体现了全国各族人民的根本利益，是实现中华民族伟大复兴的必由之路。《大道之行》所揭示和弘扬的中国文化真精神，正在为当代中国共产党人忠实地践行着，“权为民所用，利为民所谋，情为民所系”“以人为本”等执政理念，本身既是对“往圣绝学”的最好继承，同时也是“开万世太平”的现实路径。但是“批判的武器不能代替武器的批判”，对于现代人而言，如何从学术上和思想上更好地继承和弘扬中国优秀传统文化，使之成为现代人精神生活的有机组成部分，成为中华民族精神和社会主义核心价值观的重要源泉和有力支撑，依然是一个不可回避的时代课题。从这个意义上讲，《大道之行》一书及其所代表的周善甫国学思想不仅具有极其重要的学术理论价值，同时还具有极其重要的现实意义和深远的历史意义。

（原载《云南日报》2010 年 3 月 26 日）

交流与融合是文化发展的必由之路

——孙炯《西藏旧事》读后

当今，随着人类实践活动的日渐扩大，世界不同文化类型之间的交流越来越密切而广泛，人类文明由此也进入了一个崭新的时代。然而，在历史上，文明和文化的交流并非都如田园牧歌般祥和与美好。由于存在不同民族和国家的利益关系，不同文化类型之间常发生剧烈冲突和碰撞，甚至表现为大大小小的民族与民族之间、国家与国家之间的战争。

充满不平等和暴力冲突的野蛮文化交流方式，虽然不是人类文明和文化发展历史的主流，但也深刻影响和制约了文明和文化发展的客观进程。即使到了今天，在全球化潮流不可阻挡的时代背景下，这种陈旧、落后的文化世界观仍在一定范围内存在，突出表现就是以“西方中心论”为实质的形形色色的文化霸权主义。近年来世界文化演进的事实说明，以“本质主义”为旨归的西方文化普遍主义行径，并没有带来世界文化大同，相反却激起了全球范围内极端文化民族主义的泛起。这深刻说明，文明和文化发展上任何形式的“中心论”和“优越论”都是根本站不住脚的，都是与人类文化的本质要求和文明发展大趋势相违背的。不同文化或者异质文明之间只有平等相处，求同存异，共同发展，才是利己利人的坦途。

源远流长、自成一体的中华文化，本身就是一个多元一体的文化有机系统。中华文化既是以多元文化共生共存为根源的，又是以不同文化的和谐相处、氤氲相长为动力的。

正是基于对中华文化这一基本特性的认识，近年来，随着改革开放以来中国综合国力的倍增以及国际影响力的扩大，随着注重和平发展、科学发展、和谐发展的中国发展道路得到越来越多的国际人士的认同，国际舆论界对于中华文化在推进世界文化交流和促进人类共同发展上可能发挥的积极作用，普遍给予期待和厚望。改革开放以来，我国从增强国家文化软实力的高度，为推动中华文化走向世界，进一步扩大中华文化的影响力和辐射力，高度重视开展与世界各国的文化交流和合作，取得了有目共睹的显著成就。中国特色社会主义文化繁荣发展的历史事实也深刻说明，尊重差异、包容多样，兼容并蓄、和而不同，立足自身实际、吸取他人长处，不仅是不同文化和文明和谐相处之道，也是实现本民族文化生存发展的必由之路。

古往今来，在推进文化交流和融合过程中，国家以及各种集团、组织充当和发挥着主体作用，但也离不开那些热心文化事业、乐于为文化交流和融合的有识之士的努力。《西藏旧事》（中国社会科学出版社2010年1月版）一书的作者孙炯就堪称这样一位文化交流的民间使者。我了解和认识孙炯，起源于对“他将香格里拉策划在云南迪庆”这一成功创意的兴趣。孙炯从年少时在故乡昆明就师从著名学者周善甫先生学习中华传统文化，这在那个时代是不多见的。他大学毕业后有7年多时间从事国际旅游工作，还曾外派到新加坡进行旅游业务拓展。不同文化环境促成了孙炯能从比较中学习的习惯，　而后来被组织上选派到云南迪庆藏族自治州任职，则在实践上促成了他的这一文化创意的实施。不仅如此，孙炯作为一名曾扎根藏区近7年的汉族青年干部，利用工作之余的时间埋头学习和钻研有关藏文化的资料，前后十余次深入拉萨、日喀则等藏区，实地了解和掌握第一手材料。这些不仅为他做好本职工作创造了必要条件，也使他能够完成自己的一部创作——《西藏旧事》。

这本书并不是系统介绍藏文化的纯学术之作，但却以独特的文化视角和一个民族文化亲近者的经历，向读者揭示和展现了以藏传佛教为核心的藏族文化的内涵和魅力。从这本书的里里外外，我们也清晰看到了孙炯对于探究不同民族文化源流的浓厚兴趣，以及试图进行多元文化交流和跨文化沟通的担当和情怀。

在全球化潮流不可阻挡的今天，如何在因应全球化挑战的同时，更好地维护和保存本民族文化的特质，是任何一个文化形态都必须认真回答的时代课题。封闭导致落后，开放才能发展，对抗没有出路，交流乃是正途。在未来促进文化交流与文明对话的历史进程中，不仅应当更好地发挥国家政府和社会组织的主导作用，也应更加重视挖掘和利用包括众多个体在内的更多的文化实践主体的作用。只有当社会民众把文化交流与发展看作自己生活与事业的一部分的时候，才能形成多元一体、相得益彰的文化格局，才能共同创造出理想中的“各美其美，美人之美，美美与共，天下大同”的文化境界。

（原载《中州学刊》2010年第3期）

道德建设应从常识出发

——读《中华传统美德警句名言》

究竟怎样看待当代中国的社会道德状况？如何推进思想道德建设，才能更好地为改革发展提供强有力的道德支撑和精神力量？这些问题可以说是伴随改革开放进程的一个“常说常新”的话题。笔者不赞成“世风日下”“道德滑坡”等消极悲观的看法，但对“瞎子过河”“鸵鸟行为”的做派也不敢苟同。毕竟，有志于“道德救国”的人们，尊重历史、尊重现实、尊重常识的务实、建设的态度还是必不可少的。这也是近来阅读《中华传统美德警句名言》（殷学仁等主编，中央党校出版社2011年5月版）一书的些许体会。

尊重历史。中国历史源远流长，汗牛充栋的历史典籍记载着沿袭千年而不衰的诸多道德律令。这些道德律令往往以极为平实、简洁的语句表达出来，但却凝结了不同历史时期人们共同行为的规范和价值取向，因此也被后世之人称之为道德金律。《中华传统美德警句名言》一书作者历时多年，遍访当世诸多硕学名师，从浩如烟海的历史典籍中精心辑录道德金律，以丛书的形式推出，看似平凡，实则用心良苦，编排极为普通，却容易为人接受。该书从里至外透出一股修学好古、尊崇传统的风范，读之如清风扑面、爽脑明目，用之如春风化雨、润物无声。

尊重现实。曾经，“仁”“义”“礼”“智”“信”等均被当作陈腐的封建伦理试图被一“破”了之，但是一个无法否认的事实是，虽历尽坎坷，这些基本的伦理原则始终在支配乃至左右着人们的行为举止。就是田间地头众多平头百姓的伦常日用，也沿袭了数千年中华民族的传统美德，成为每一个炎黄子孙血液里的文化基因。《中华传统美德警句名言》作者不避繁琐，不畏艰辛，多年来以务实精进的态度，删繁就简，看似炒冷饭，搞重复建设，实则着意破解当下道德诚信的困境，普及推广传统美德，促进社会和谐发展，颇费苦心。

尊重常识。“礼失而求诸野”。求解当代中国道德建设的良治之道，根本还是要向广大群众请教。士、农、工、商，身处社会底层，却须臾不敢离做人的基本道理半步。正像《中华传统美德警句名言》编撰指导之一季羡林先生指出的那样：“中华传统美德是做人的基本准则。离开美德半步，轻者误入歧途，重者跌入深渊。”“八荣八耻”社会主义荣辱观，就是根据时代要求对中华传统美德的弘扬，突出的一点在于明确了当代中国最基本的价值取向和行为准则。该书编撰指导之一欧阳中石先生的阐发可谓经典——“八荣八耻是箴规，举止言行不可移，道德文章皈有序，人人自律奉天仪”。

我们经常把“从我做起，从现在做起”当作人生格言，用来砥砺自己，同样，对于当代中国的道德价值观建设而言，“从常识出发”也是尤为紧要的。

（原载《学习时报》2011 年 12 月 26 日）

在矛盾冲突中铸造改革精魂
——评电视连续剧《春暖南粤》

综观当今荧屏，我们看到的要么是帝王宫廷，钩心斗角，远离老百姓的日常生活；要么是特殊年代，战火硝烟，以强化人们的理想信念的名义，渐渐滑向大众娱乐的怪圈；再不然就是豪门爱情，一群衣食无忧的俊男靓女在屏幕前搔首弄姿无病呻吟。近日，20集电视连续剧《春暖南粤》登上央视电视剧频道，这着实让我们为之兴奋：鲜明的时代特征、复杂的人际关系、裂变的人物命运、一波三折的情爱演绎、催人泪下的情节场面，使得该剧跌宕起伏、平中有奇，其深刻的人文内涵直指当代中国乡村社会中的典型政治生态，一针见血地拷问执政理念，写实主义色彩浓厚，让人感同身受。可以说，这是一部反映中国南方农村，尤其是领中国改革开放风气之先的南粤大地在改革发展中矛盾裂变的电视剧佳作。

《春暖南粤》的价值意义，就在于顺应时代要求，在矛盾冲突中铸造改革精魂。其人文内涵切实，紧贴基层现实，歌颂生活中的真善美，具有一定的思想深度。该剧的表现形式不仅适合农村观众，也同样适合都市观众。剧本主旋律的基调虽然对情节的设计有一定限制，但是本剧仍然非常到位地突出农村改革进程中的失望与希望、挫折与信心、悲剧与喜剧、艰难与光明。它不回避现代农村发展的当下问题，其所体现的执政为民理念是生动的、具体的和有机的，因而主旋律不是创作者外加的，有着可靠的生活根据。它所包含的鲜明时代精神、敏锐现实触角、浓厚的南粤农村生活气息和栩栩如生的人物形象都带给观众前所未有的审美愉悦。

南粤大地是一片领中国改革开放风气之先的令人心潮澎湃的热土：中国改革开放的航船在这里扬帆启程、乘风破浪；“中国制造”“中国创造”从这里走出海关、走向世界；而南粤的广袤农村原野，同样是春潮涌动、生机盎然。农业、农村、农民始终是现当代中国文艺创作最主要最具活力的母题之一，农村题材影视文艺作品方兴未艾，它们必将与现实一道，共同求索着农业、农村、农民的现代化道路。在领略了反映南方农村改革发展的电视剧《春暖南粤》之后，我对这一点更加深信不疑。

（原载《学习时报》2010 年 3 月 15 日）

接续传统　光复旧物

——候立远山水画观感

当今时代，无疑是有史以来中华民族最好的时代，不论是物质文明，还是精神文明，都可谓辉煌灿烂、光照千秋。就中国画而言，尽管众说纷纭、仁智互见，但置于中西文明交流互鉴的历史洪流之中，的确涌现了一批不忘本来、吸收外来、面向未来的辛勤拓荒者，正是在这些弄潮儿的孜孜以求和开拓奋进下，饱经沧桑而又薪火相传的中国画才有了如此开放的胸襟和自信的气度。

客居燕京多年的候立远先生，早年曾负笈杭州中国美术学院，精研以潘天寿为代表的现代中国画之神髓及形式，近年多所游历，体悟山川之灵秀，广交君子之流，印证人生之大道，赋予其别有钟情的青绿山水画以正大堂皇、天人合一的意境。如果能够摒弃门派之见，忘却意气之争，在近于客观的立场上审视候立远先生的作品及其姿态，我们没有理由不给予应有的评价——在当今丰富多彩而又生机盎然的艺术园地里无疑有其特定的时空定位。

论及中国画的创新发展，一条共识早已为各界认同，即“只有中国的，才是世界的”。中国绘画的传统由来已久，可以说始于先秦，中经汉魏、隋唐、宋元、明清，及至现代，伴随时代风化而时有变迁，或飘逸如仙，或笃实如儒，或灵动如禅，或博雅如士，风格、进路不一，然皆植根当下生活之沃土，各具浓郁本土之特色，是谓“中国的”。循此理路，察之当代，何谓“中国的”？尤其面临百余年来西风东渐之影响，如何清醒看待本民族的过去，在纷纷扰扰中找寻属于自己的那份“乡愁”，保持应有的文化定力，实践表明这并不是一个简单的可以无视或者省略的问题，相反，在这里恰好暴露出一个艺术工作者的艺术立场和文化情怀。而这，不就是一切艺术活动的“根”和“魂”吗？

由此反观候立远先生的青绿山水画，你可以不赞成他的艺术手法，但你必须尊重艺术家个人的选择，你可以对他孜孜以求的艺术方向表示质疑，但你应该对艺术家走过的创作之路给予切近认识。黑格尔说过，凡是现实的即是合理的，而凡是合理的即是现实的。这一充满辩证精神的哲学论断，从伟大哲学家口中说出，其意义首先是哲学的，但更是艺术的。欲振兴中国绘画，光复旧物，有必要直面西方文明的优劣长短，更为关键的在于不忘初心，以仁者无敌的态度接续传统，推陈出新。我坚信，能让聪明勇敢如候立远先生者以全部才情乃至生命予以付出的青绿山水画，不仅属于他个人，更属于社会，不仅是一件件艺术作品，更是当代中国艺术家致力于光复旧物、民族复兴的浩大洪流！

（原载《中国教育报》2017 年 6 月 23 日）

从风险社会角度看舆情管理

——《大数据时代的舆情管理》序

风险，如同矛盾一样，无处不在、无时不有。与事物的常态相比，突发事件就是风险；在典型面前，可以把非典型看作风险；生物学的遗传是常量，变异往往与风险相连等。当然这仅仅是譬喻，其实，风险及风险社会在国际上早已成为社会科学家探究的对象，著名的德国社会学家乌尔里希•贝克还专门写过一本《风险社会》的书，他在书中首次以“风险社会”的概念来描述当今西方高度发达的现代社会，并从社会学层面反思、批判现代性出现以来风险因素日益突出的社会现象。《风险社会》出版当年，就发生了切尔诺贝利核电站事故，核辐射威胁覆盖整个欧洲。核时代的到来，标志着人类风险社会的真正开启。如今，在信息技术的带动下，与经济全球化相伴随，互联网以及与之相连的虚拟社会、智能互联等新事物的出现，带给人们诸多便利特别是催生新型社会关系、促进人的自由全面发展的同时，也提出了诸如如何认识和应对舆情危机等新的风险问题。基于近年来相关实践经验，北京大学政策研究室与中正舆情机构联袂推出《大数据时代的舆情管理》（以下简称《舆情管理》）一书，为人们了解、研究以及具体对待当今风险社会的网络舆情现象，作了积极的努力，创设了良好理论条件。

深化理论研究，把握规律性，增强实效性。舆情作为一种社会现象，与人类社会与生俱来，《舆情管理》对此多有关注，其中提到先秦时期的“国风”，反映出历代都把“民谣”“段子”“八卦”“花边新闻”等“社情民意”纳入治国理政的范围，予以高度重视。天听自我民听，民意高于天，所谓“舆论哗然”，民心向背关乎政权兴衰更迭。我们当然不同意“防民之口甚于防川”，也不会置网络空间于“法外之地”，而是把包括网络舆情在内的所有舆论动向从根本上看作民众利益的反映、百姓意愿的表达，加以科学看待、依法管理。习近平同志指出，人民群众对美好生活的向往，就是我们的追求。做好大数据时代的舆情管理，我们面对着诸多有利条件，也存在不少不了解、不适应、不习惯的地方，无论是“疏”还是“堵”，作为技术手段，都必须建立在对当今中国网络舆情本质及其发展态势科学认知的基础上，也即必须把舆情管理作为具有特定对象以及内在运行规律的社会现象加以对待。在这里，我们既反对“洪水猛兽”的简单化思维，也不赞成单纯技术化、工具化、商业化的思路。

坚持标本兼治，既要加强策略应对，更要明确战略定位。做好舆情管理工作，技术及策略研究必不可少，而且有时还是决定性的，但同时还须“取法乎上”，即要把舆情发生发展及其应对放在时代的高度予以审视，从执政党治国理政的角度加以分析和解答。现实中的舆情事件的突发及其蔓延，无不是“起于青蘋之末”，然后逐渐衍生、发酵，酿成社会政治事件。冷静剖析舆情事件的发生机理，需要显微镜，更离不开放大镜、望远镜。群众利益无小事，舆情动向牵一发动全身。当今中国大地上发生的诸多舆情事件，根本上是与我们从事的伟大事业——中国特色社会主义事业、伟大斗争——许多具有新的历史特点的伟大斗争、伟大工程——全面推进党的建设新的伟大工程，紧密相连、息息相关的。认识舆情、应对舆情，正确的方针原则是因势利导、趋利避害，但君子务本、本立而道生，这个“道”不是别的，就是党和国家工作大局，是实现中华民族伟大复兴的中国梦。新形势下的舆情管理表现为一种“技”和“术”，体现为政策、策略、措施和手段，但如果缺少了一种家国情怀和担当精神，再好再精妙的“技术”和“策略”都将是无本之木、无源之水。

注重价值引领，塑造网络话语权。二战以来，人类获得了一个较长时期的和平发展空间，经济全球化的力量把世界各国、各民族进一步整合在一起，科学技术突飞猛进，互联网技术更是取得了令人不可思议的跃升，深刻改变和塑造着社会交往方式，也带给思维方式、价值观念等空前冲击和挑战。舆情作为社会信息的“集散地”“放大器”和“晴雨表”，表现为各种利益的诉求和冲突，也交织着不同利益立场的人们在思想观念、价值取向上的偏好。精准研判舆情动向，提高应对有效性，需要利益的考量，高度重视民生问题，坚持通过法治的方式加以解决，同时还需要增强思想文化自觉，辨析和梳理舆情动向的横向联系、纵向发展以及内部结构，从政治、文化、道德、情感等角度予以解读，尤其注重用核心价值观引领舆情态势，在网络空间力倡正能量和主旋律，积极构建面向网络受众的话语体系。

《舆情管理》一书通篇贯穿一种忧患意识和风险思维，体现出较为精深的专业眼光和学术视角，具有较高的学术含量和实际操作取向，是一本不可多得的“网络治理”方面的著作。建党96周年之际，北京大学出版社隆重推出这本书，无论对于各级党委政府治国理政，推动执政党“过好互联网这一关”，还是对于社会公众认识舆情、应对舆情，利用互联网更好地服务自身，都是很有意义的。

（写于 2017 年 7 月 4 日）

跋

兰文飞

西立将他十余年来运思谋篇的心血结成一个集子，嘱我写上几句。我想了想，我是有资格写这篇附骥尾的小文的。

缘由至少有二。

其一，西立是我的一个重要作者。收录到集中的文章，有好几篇就是首发于我所供职的中共中央党校主管主办的《学习时报》。既有作为头版评论员文章刊发的，也有在我们的理论版上见报的，分量都很吃重。也因此，我对他的这些文章的理路都很熟悉，有些文章发表时的情境甚至还历历在目。不少文章发表后，引起过很大关注，有网络上的，也有纸媒转载的。我是见证人。

其二，西立是我的师兄。我们都毕业于北京大学哲学系，受着共同的学脉影响。北大哲学系毕业的学生，往往容易眼高手低。西立却是眼高手高，这一点，只要大家认真读读集中的文章就能知道我所言不虚。其实，我顶佩服他的一点，是他对马克思主义理论的真学真信真用。作为一个党刊工作者，理所当然是党的思想理论阵营里的一员。而检验一名党的思想理论工作者是否称职合格，很重要的一条，就看他能否真诚地信仰马克思主义理论，并用这一理论来分析解决问题。以我对我这位师兄的了解，党的思想理论已经融入他的精神气质里，是轻易不会被夺志的。

西立把他的集子定名为“知行之际”，副题是“对若干现实问题的理论思考”。这跟我们《学习时报》的定位是完全对路的，这也是他能成为我们重要作者的原因。我们报纸历来关注两类问题，即“有重大现实意义的理论问题”和“有重大理论意义的现实问题”，话有些绕口，意思却很明了，就是理论联系实际。这其实也是党的思想理论工作的一大特点，也是区别于院校里象牙塔式纯学术研究的地方。纯学术研究或纯理论研究当然很重要，对我们这么一个有几千年文明史的泱泱大国来讲，纯学术纯理论的基础研究，再怎么强调都不为过。但是，作为党的思想理论工作，却不能也不应陷于纯学术纯理论的研究当中，一定是且必然是在理论与现实的相互关照中推进我们的研究。两者离开了任何一方，就会失去问题的视野和参照系。它们的偏颇和危害，在党的历史上曾反复以“教条主义”“经验主义”等名目进行过深入批判，无须赘述。

通读这些文章，你会发现，西立有很强的使命感。这种使命感为他带来一种捍卫推进我们伟大事业的前沿乃至边缘意识。边缘意识是什么？就是众人皆醉我独醒，就是泰坦尼克号上最先看到冰山的那个人，就是对形势的出奇敏感。集中的文章，处处体现出了这一敏感。他的勇于发声，不回避尖锐问题，堂堂正正地讨论问题，都源于对自身使命的体认。中国古人讲，仁者以天地万物为一体，民胞物与，这种胸怀和情怀是儒家不断吸引最优秀头脑加入的原因。西立的这些文章，我以为，就带着这样的胸怀和情怀。

2017 年 6 月 30 日改定于中央党校学习时报社

后　记

知行之际有大道

张西立

“大道之行也，天下为公”。中国文化里的“大道”，不同于西方哲学所讲的“逻各斯”，从来不是主客二分的，而是天人合一，以实践理性见长。大道无形，却如月映万川，蕴含和体现于人们的思想和行为之中。欲明“大道”，非博学、审问、慎思不可，然而理论是灰色的，而生活之树常青，思想、理论与利益、现实，不是孤立自存的，亿万人民群众参与并缔造的火热的社会实践才是它们的“源头活水”和真正物质基础。由此不难理解，对于今天的理论工作者来说，确立“问题意识”为什么变得如此紧迫而重要，而要想使我们的思想文化和意识形态工作打动人、说服人、激励人，尊崇知行合一的要求，塑造一种“天下为公”的家国情怀也至为关键。

知行合一的哲学真谛。在中国古典哲学那里，知行关系与天人关系，均是十分重要的哲学范畴。在天人关系上，有“天道远，人道迩”（《左传》）、“观乎天文以察时变，观乎人文以化成天下”（《易传》）、“天不变，道亦不变”（董仲舒《举贤良对策》）、“究天人之际，通古今之变，成一家之言”（司马迁《史记》），以及后来程朱理学的“存天理，灭人欲”（《朱子语类》）等等，当代学者、北大教授张世英先生以《天人之际》著书立说。至于知行关系，明代王阳明《传习录》中有“知者行之始，行者知之成。圣学只一个功夫，知行不可分作两事”；近人曾国藩力倡“耕读传家”；而在马克思主义的视野中，则转化为认识与实践的关系问题——毛泽东同志的经典著作《实践论》一文的副标题就是“论认识和实践的关系——知和行的关系”。马克思主义的知行统一观体现在共产党员的党性修养上，则是知行合一、“内圣外王”的态度。马克思主义的辩证唯物论和历史唯物论所以能够为中国人认同，并且成功地在改造社会的伟大实践中加以运用和发展，不仅仅因为马克思主义的科学与先进，中国传统哲学秉持的天人合一的天道观、阴阳和合的辩证法、推己及人的伦理观、知行统一的实践观、民贵君轻的国家观以及协和万邦的天下观等等，不能不说与马克思主义具有内在契合性。因此，抓住“知”与“行”的矛盾关系，我们不仅能够科学辨析中西文化之同异，深入理解近百年来马克思主义中国化的真髓和要义，同时能帮助我们更好地把握和践行共产党人的宗旨，把自身修为、个体价值与“全心全意为人民服务”这一彻底唯物主义的人生观自觉对接，不断向“天地之境”（冯友兰：自然之境、功利之境、道德之境、天地之境）迈进。

党刊工作的感同身受。南宋大诗人陆游感慨，“纸上得来终觉浅，绝知此事要躬行”（《冬夜读书示子聿》）。今人常道，读万卷书，行万里路。也有人说，读万卷书不如行万里路，行万里路不如阅人无数，阅人无数不如高人指路。“书”“路”“人”，三者互有轻重，实际缺一不可。马克思主义则主张，实践是认识的来源，一切认识不管其外表多么精致、迷人抑或高远，其最直接、最鲜活、最深厚的根基还是在于生活和实践。思想的、理论的东西固然有其相对独立性，甚至有时候还发挥决定作用，但正向马克思说的“‘思想’一旦离开‘利益’，就一定会使自己出丑”（《神圣家族》），理论如果脱离生活和实践，从事理论研究和宣传工作的人如果缺乏“问题”意识，实际上已经与中世纪经院哲学、中国现代革命史的形形色色的教条主义成为一丘之貉。党的理论工作反映党的本质、关乎党的生命，当然不可等闲视之，但熟知并非真知，真知还须躬行，而所谓“躬行”并不就是简单地脱产后参加劳动，它实质上是一种党性立场，集中体现在思想作风、工作作风和文风上。对于党刊编辑这一极其重要的意识形态工作岗位而言，知识学历必不可少，一定的阅读量更是基础和前提，但更为关键的在于尽早确立实践观点和群众观点，坚持贴近实际、贴近群众、贴近时代，去除一切做好党刊编辑工作不应有的主观主义和形而上学，努力做到与党领导亿万人民创造美好生活的伟大实践同步调、与我们力量的真正基础——广大人民群众同呼吸、与改革开放和社会主义现代化建设的当今时代同脉动。不如此，不仅谈不上做一名合格的党刊编辑，反而会使人心生厌倦乃至抵触情绪。

学思践悟的心路历程。《求是》前身是《红旗》，时代变迁和岁月蹉跎，磨砺出愈加鲜明的党刊之魂——高举旗帜、引领导向，勇于担当、敢于亮剑，为巩固马克思主义在意识形态领域的指导地位以及全党全国人民团结奋斗的共同思想基础而履职尽责。就我本人而言，从为中央决策服务的《求是内参》到大型理论文摘杂志《红旗文摘》，策划、组织和编辑文稿的同时，不免有所思、有所悟，从懵懵懂懂、自我激励到乐在其中，断断续续积累了些许心得，论题涉及诸多侧面，所论也有待深入，但扪心自问，这些小文无一不是“合为时而作”，无一不是作者本人努力结合编辑实践，在繁忙的工作之余，夜深人静之时，青灯黄卷之作，因此可以说是十余年中央党刊编辑的副产品，更是对本人学思践悟心路历程的记录和展现。

这本不成熟的小册子，作为文集能够问世，首先在其中承载着每篇文章原发报刊编辑的心血和智慧，尤其是学习时报社的兰文飞先生，更为让人难以忘怀的是，文飞慨然应允为这本小册子题写一篇“跋”，重点记叙当年《学习时报》刊发我的一些文章的其情其景；当代马克思主义哲学“大咖”陈先达教授不顾身体有恙，欣然赋诗题赠，勉励和鞭策自不待言；书法家董绪纯、高胜军先生应邀为本书题赠墨宝；这些文稿从成形到发表，也离不开我身边领导和同事们的关心和帮助，是他们不时而有力的支持，促使平时一些倏忽闪现的火花得以最终成形；当然，这本肯定不会畅销的小册子能够顺利付印，如果没有南方报业传媒集团总经理王垂林先生以及南方日报出版社社长周洪威先生、责任编辑史成雷先生的帮助，根本是无法想象的。

2017 年 7 月